语文课本里的科学素养

主编　陈诚

来自东北的小王子

C²S 湖南电子音像出版社
Hunan Electronic And Audio-visual Publishing House

·长沙·

图书在版编目（CIP）数据

来自东北的小王子/陈诚主编 . -- 长沙：湖南电子音像出版社，2023.9（2024.5 重印）
（语文课本里的科学素养）
ISBN 978-7-83004-489-3

Ⅰ.①来… Ⅱ.①陈… Ⅲ.①阅读课—小学—教学参考资料 Ⅳ.① G624.233

中国国家版本馆 CIP 数据核字 (2023) 第 171072 号

来自东北的小王子

LAIZI DONGBEI DE XIAOWANGZI

主　　编：陈　诚
出 版 人：黄永华
责任编辑：刘德华　傅　蓉　朱　懿
美术设计：唐　茜
出　　版：湖南电子音像出版社
印　　刷：永清县晔盛亚胶印有限公司
发　　行：河南省新华书店
开　　本：710mm×1000mm　1/16
印　　张：8
字　　数：68 千字
版　　次：2023 年 9 月第 1 版
印　　次：2024 年 5 月第 2 次印刷
书　　号：ISBN 978-7-83004-489-3
定　　价：28.00 元

如有印装质量问题，请与生产服务中心调换。
联系电话：0731-82228602

声明：在本书编写过程中，个别选文未能联系到作者，敬请原作者看到本书后及时和我们联系，以便我们按国家规定支付稿酬并赠送样书。
联系人：陈老师 18670089796

小故事，大科学

　　科学与文学的精彩碰撞，既能培养文学思维，又能激发探索科学世界的精神。在语文课本中，已经介绍过不少的科学文章。回想课文，相信小读者在读到《小壁虎借尾巴》时，也想和小伙伴们一起找到各种动物尾巴的秘密；读到《太空生活趣事多》时，也希望有一天自己能探索太空；读到《跨越百年的美丽》时，内心会受到科学家们科学精神的撼动。

　　其实，不仅仅是这些科学文章，语文课本中还含有许许多多的科学因素。《语文课本里的科学素养》（小学版）这套书秉承科学与文学相融、理性与人文相生的理念，紧贴新课标，涵盖自然、天文、地理、环保等多门学科，采用跨学科的视角，将课内所学知识延伸至课外，构架起课内与课外的桥梁，带领读者从小故事中探究大科学原理。

　　在呈现形式上，本书用儿童的眼光看世界，以日常化和故事化的表达方式，用富有想象力的构思来讲述理性的科学，让科普阅读更具有感染力。在这里，小读者将与小兔乖乖、小猴皮皮、小熊奔奔等好朋友一起，去奇幻的月光森林、辽阔的阳光草原甚至神秘的大海探险。这些好朋友会用自己的故事告诉小读者们：彩虹是如何形成的？风从哪里来？大雁为什么要排队飞行？……每篇故事都配有精心绘制的大量贴合人物形象、契合故事情节的精美插图，为富有意蕴的文字增添趣味。同时，故事中的优美词语以彩色字标出，可以有效地增加小读者的词汇量，为写作打下语言基础。

在栏目设计上，本书课文之后的"课本联通"栏目，带领学生回到语文课本，从课文中捕捉和发现科学因子；"科学进阶"栏目对应科学故事，系统化讲解科学知识，强化科学思维，助小读者们一窥科学世界；"灵光乍现"栏目将对科学知识的获取化为主动探究，引导小读者们思考更多相关的科学知识，锻炼发散思维。

期望这套丛书能用天马行空的趣味科学故事，为小读者提供探索世界的宏大视角，也希望这套书能够让小读者用积极探索的心态去关注身边的事物，唤起其对自然和生命的热爱，从而爱上阅读，爱上科学。

编者

目录

太阳花的传说

　　相传很久很久以前，大地迎来了一次**史无前例**的大旱灾，太阳每天高强度地照射着大地，散发出无穷无尽的热量。天空中一朵云都没有，地上也见不到动物的身影。森林被照射得**荒芜**了，河流也被晒干了，地上的花草全部都快要枯萎了。

　　"再见了，我亲爱的朋友们，我真的扛不住了……"说完，狗尾草便失去了最后一点生命力，变得轻飘飘的。甚至都没有一丝风吹拂一下这个可怜的小家伙。

　　大地上一片惨寂，向来以耐旱出名的胡杨族也相继倒下了不少的同伴。胡杨树族长的脸色凝重，看着那些因为旱灾而失去生命的族人，他的心情十分沉重。可是，他又能做得了什么呢？只能叫族人们将自己的根狠狠往地底下伸去，获取所剩不多的地下水资源，但这也并非长久之计。

胡杨族尚且如此，其他的花花草草就更不用说了。一个接一个的都认为自己不行了，缓缓地枯萎了。

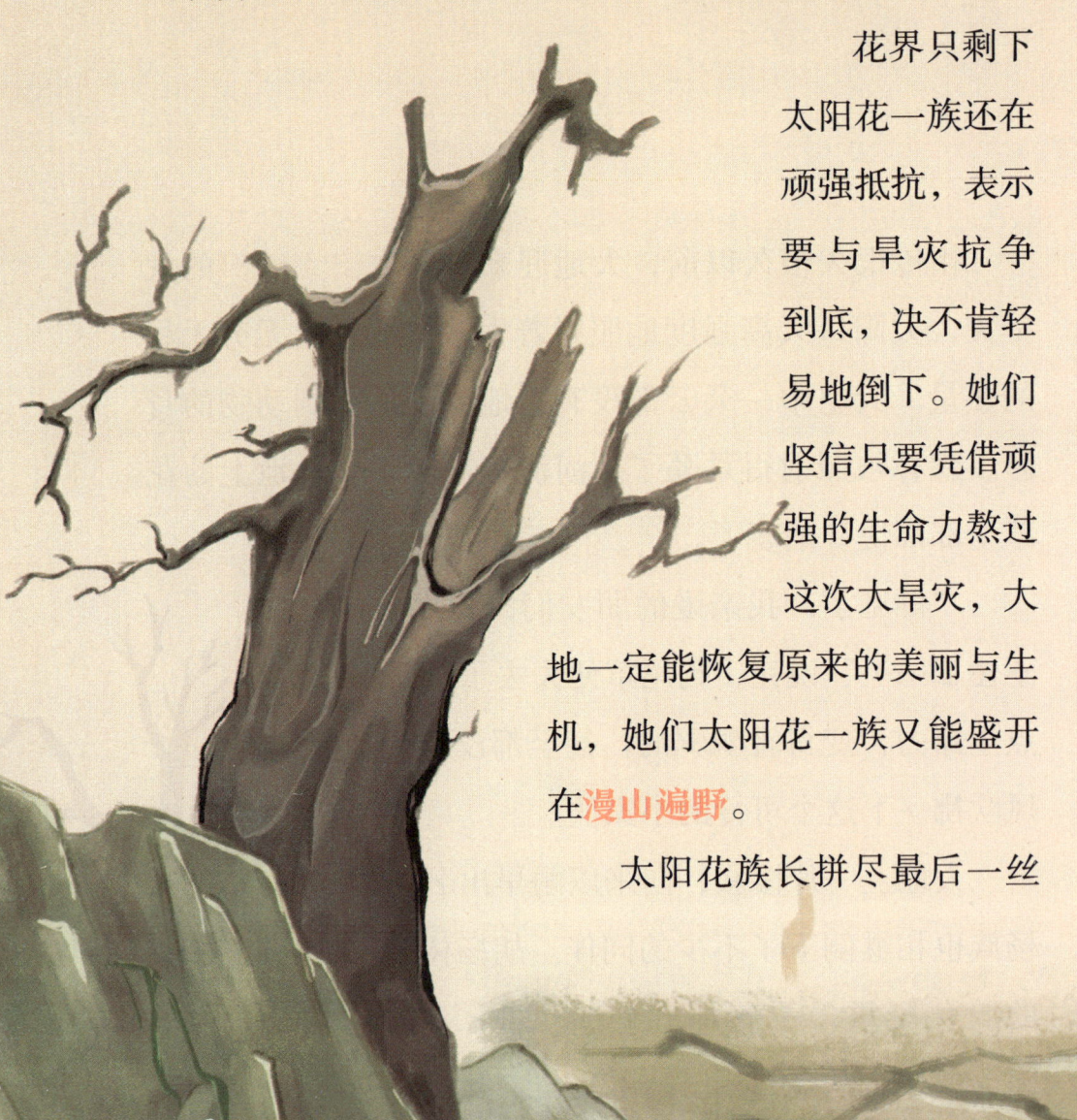

花界只剩下太阳花一族还在顽强抵抗，表示要与旱灾抗争到底，决不肯轻易地倒下。她们坚信只要凭借顽强的生命力熬过这次大旱灾，大地一定能恢复原来的美丽与生机，她们太阳花一族又能盛开在漫山遍野。

太阳花族长拼尽最后一丝

力气对族人们说："我们一定不要放弃，一定会有枯木逢春的那一天，一定要保护好我们的下一代。"说完族长的生命之花便永远地失去了她的光泽。

族人们见状，都哭了起来。继任的年轻族长擦干眼泪说："族人们，现在不是伤心的时候，我们还要想办法把希望延续下去。"

于是，太阳花一族想方设法地把自己所剩不多的水份保存起来，贮藏在土壤下的根里。她们还把种子埋得深深的，不让种子的水分被太阳蒸发掉，努力地保护着这些未来的希望。这样的话，即便她们这些地面上的老家伙们都倒下了，太阳花一族也不至于彻底消逝。

就这样，与这旱灾**殊死搏斗**了好一阵后，太阳花一族终于还是熬不住了，慢慢走向了生命的尽头。但她们仍坚持着自己的信念，即便烈日把她们**五彩斑斓**的花瓣烤得焦黑卷曲，失去了往日的光彩，最后一刻的太阳花们也倔强地仰着头，蔑视着天空中的烈日。

终于，就在太阳花倒下的那一瞬间，天空中乌云密布，雨滴像黄豆大小似的一颗颗稳稳地落在了地上。及时雨滋润了干涩的大地，此时，深埋地下的种子一下子苏醒了，"噌噌"地往土外面钻。不知怎么回事，种子一钻出来，便开花了，开得满山遍野都是。花儿们**争奇斗艳**，无比芬芳。一年又一年，这里的花越来越多，形成了一个大花园。这个花园四季如春，鸟语花香，蝴蝶在花丛中**翩翩起舞**。每个小动物经过这里都会夸上一句："太美了！"而这美丽正是太阳花用自己的生命换来的，她们那**坚韧不拔**的意念和毅力，在花园里永生。

课本联通

早晨，从山坡上，从坪坝里，从一条条开着绒球花和太阳花的小路上，走来了许多小学生，有汉族的，有傣族的，有景颇族的，还有阿昌族和德昂族的。大家穿戴不同，来到学校，都成了好朋友。

义务教育教科书语文三年级节选

科学进阶

太阳花，又称松叶牡丹、半支莲，是马齿苋科马齿苋属多年生花卉，常作一年生栽培。喜欢温暖、阳光充足而干燥的环境，见阳光花开，早、晚、阴天闭合，故有"太阳花""午时花"之名。原产于南美洲的巴西。现中国各地均有栽培。

太阳花花期长，适应能力强，耐旱，耐贫瘠。由于开花时间比较长，管理期间如果能给它提供适宜的环境，四季都能开花。

灵光乍现

你喜欢太阳花吗？太阳花为什么值得人们喜爱呢？

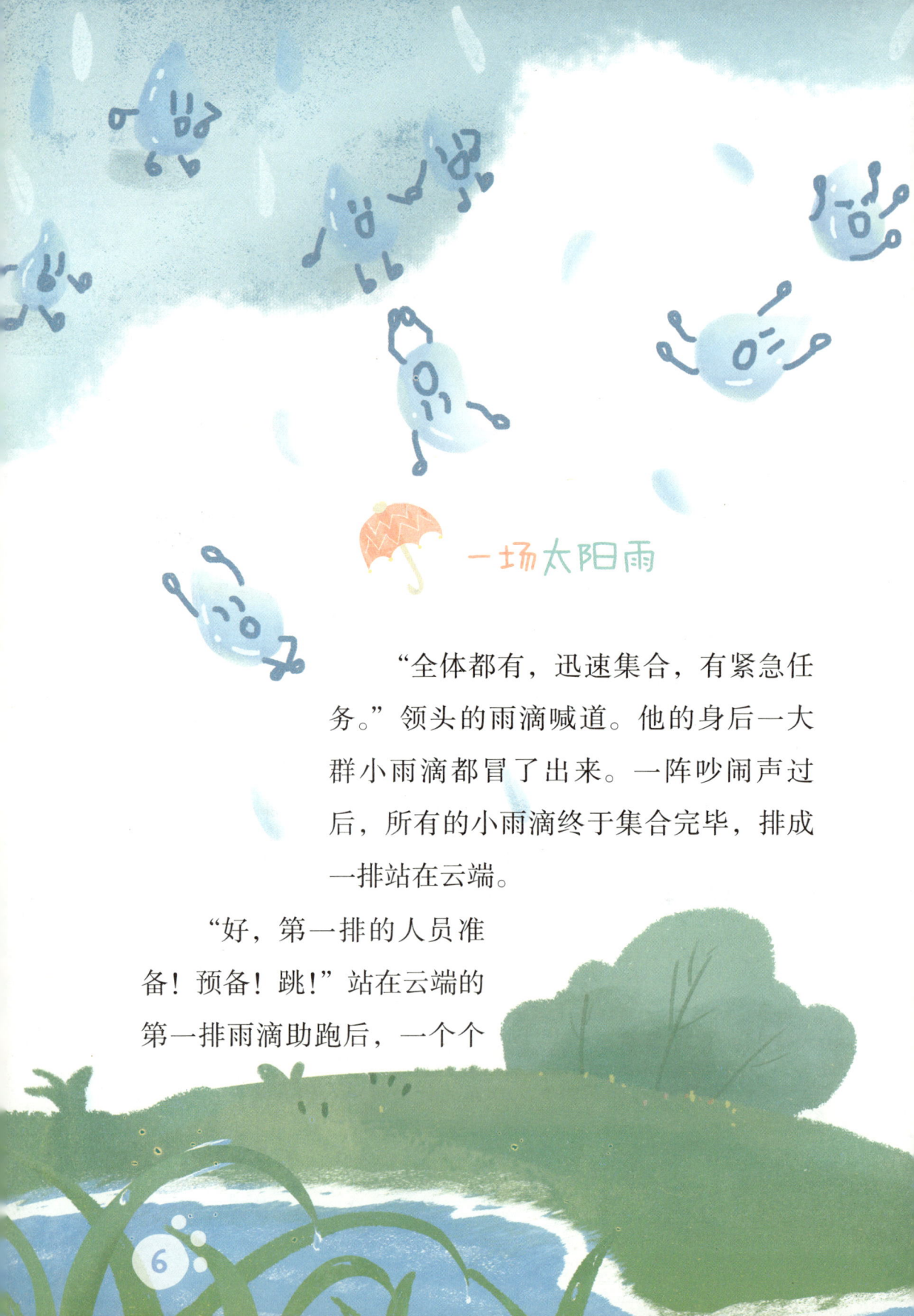

一场太阳雨

"全体都有,迅速集合,有紧急任务。"领头的雨滴喊道。他的身后一大群小雨滴都冒了出来。一阵吵闹声过后,所有的小雨滴终于集合完毕,排成一排站在云端。

"好,第一排的人员准备!预备!跳!"站在云端的第一排雨滴助跑后,一个个

冲向天空，然后**姿态各异**地往下坠落。

一个小雨滴伸出小手拍着另一个的肩膀说："你看，前面那两个还手拉着手呢，我就不一样了，给你看我前滚翻 360 度再后空翻 360 度潇洒着地！"

被拍肩膀的小雨滴比较胆小，**小心翼翼**地探头向下看了看，"我……好害怕啊，真怕掉进臭水沟里。"

旁边一个**神气十足**的小雨滴得意地说："这有啥！我经常执行紧急任务，落到哪里我都不怕！"

"哎哟哟，要是你落到哪个角落的下水道，十天半个月都回不来，看你怕不怕。"其他雨滴起哄着。

突然，太阳从云朵里冒了出来，小雨滴们的眼睛都被光芒照得睁不开了。"怎么会有太阳啊？那我们的任务是不是失败了？"

"啊——我们要被晒没啦……"还没说完，第一排的小雨滴已经降落。

此时，在云端的第二排、第三排小雨滴也从云端一个接一个地跳了下来。但是还没等坠落到地上，就感觉自己的身体变得轻飘飘起来，原来大家都变成了水蒸气。虽然不是原定的路线，但是他们飘在空中的时候，看到下面绿油油的大地和蓝色的大海，美极了！

地面上，小兔子在院子里跑来跑去地大声喊着："妈妈，快出来！刚刚下了太阳雨，这会儿又出彩虹了！"

课本联通

当雷云在天上轰响，六月的阵雨落下的时候，湿润的的东风走过荒野，在竹林中吹着风笛。

于是，一群一群的花从无人知道的地方突然跑出来，在绿草上跳舞，狂欢。

义务教育教科书语文三年级节选

科学进阶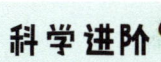

太阳雨是指在晴天或有阳光普照时下雨的一种天气现象，属于阵雨。在气象学上被称作"降水量水平分布的不连续性"。其情形有几种：有的太阳雨是因为远方的乌云产生雨，被强风吹到另一地落下；有的是因为高空中两块带有不同电荷的云在太阳风的作用下相互碰撞，造成局部地区空中水汽含量过大形成的；有的是天气突然转变，开始降雨，从高空降下的雨还没落地，云就已经消失了，所以天气看起来晴朗，却下起雨来了。

灵光乍现

你还知道哪些不寻常的天气现象吗？你知道其中的形成原因吗？

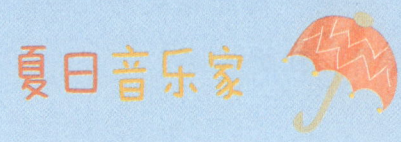

夏日音乐家

  茂密的森林里有一棵大树特别粗壮高大，就像一个**威武**的士兵站在那里为大家放哨。突然有一天，一个很小的东西从树上掉了下来，是什么呢？就像米粒大小，大概是"蚂蚁"吧！谁也不知道他是谁，连他自己也不知道。

那天，阳光很刺眼，天气很炎热，长得皱巴巴的"蚂蚁"都睁不开眼睛了。他赶紧爬啊爬，想找个阴凉的地方，终于，他爬到了那棵高大的树的底下。树底下非常潮湿，"蚂蚁"变得特别兴奋。他吭哧吭哧地挖起了洞，很快就钻进了洞里。哟，地底下一片黑咕隆咚的，什么也看不见，也碰不到什么小伙伴。不过，"蚂蚁"很快就适应了。他像大力士一样，在地下来来回回地挖了好多好多的隧道。

一眨眼，"蚂蚁"就在地底下生活一年了。饿了，他就吸几口树根的汁液；困了，他就舒舒服服地睡一觉。"蚂蚁"的身体长大了很多，还蜕了一次皮。可是，他还是不知道他是谁，他的妈妈又在哪里。想到这里，"蚂蚁"就难过地哭了起来。

地底下的生活非常单调，一年到头都遇不见几个朋友。终于，在第二年的冬天，"蚂蚁"遇见了一只青蛙。

"你好呀，朋友！我叫丁丁。"青蛙对着"蚂蚁"热情地打招呼。

"外面现在可冷了，我要在这里睡上一个长长的觉，不会打扰到你的。"丁丁说。

"你好，很高兴见到你。'外面'是哪里呀？"

"你不知道'外面'吗？'外面'可美啦，有清澈凉爽的水和一望无际的绿油油的稻田，还有在水里嬉戏玩耍的小鱼儿呢！不过，现在是冬天，雪花笼罩了万物，很冷的。"丁丁激动地回答着。

"蚂蚁"听完，摇了摇头说："我从来没有去过'外面'，我也不知道我是谁。你知道我是谁吗？"丁丁摇了摇头说他也不知道。

"蚂蚁"还想听丁丁说说"外面"的事儿，可丁丁太困了，开始打呼噜了。"外面"？"外面"真的有丁丁说的那么美丽吗？"蚂蚁"在心里想。他突然好想去"外面"看一看，说不定"外面"的人知道他是谁。于是，他努力地往上钻，可是越往上，就越冷。"蚂蚁"又饿又冷，累得直喘气。

突然，头顶传来一个苍老的声音："孩子，再等等吧！你还太小，只要长好身体，有力气了，你一定能到外面去的。"啊，是养育了他的树爷爷在说话。

"树爷爷，您见多识广，说的准没错！我听您的！""蚂蚁"激动地喊道。

转眼间到了第三年的春天，"蚂蚁"遇见了一只叫奇奇的鼹鼠。奇奇告诉"蚂蚁"，"外面"到处都是暖暖的阳光、香甜的气味，还有悦耳的歌声。"蚂蚁"问："那你看到清澈凉爽的水和一望无际的绿油油的稻田，还有

玩耍的小鱼儿了吗？"

奇奇说："没有。"

咦，为什么奇奇和丁丁说的不一样？"蚂蚁"想不明白了。

第四年的春天，"蚂蚁"遇见了兔子燕燕。燕燕告诉"蚂蚁"，"外面"到处是绿绿的草地、五颜六色的花朵，还有穿花衣服的蝴蝶。"蚂蚁"越来越期待去"外面"了。

就在第五年的夏天，那天，天气格外闷热。地底下非常潮湿，"蚂蚁"觉得浑身不舒服。树爷爷看见了，对他说："'蚂蚁'，现在你可以去看'外面'的世界了。"

于是，"蚂蚁"再一次努力地向上钻。

他用尽全身的力气，不断向上，向上，向上……这时候的他，身体已经变大了100倍，每爬动一步，都要用很大的力气。终于，在一个黄昏，"蚂蚁"顶破了土层，来到了他向往已久的"外面"。可是，事实让"蚂蚁"倍感失望。"外面"根本就不像丁丁、奇奇和燕燕说的那么美丽。它和地底下一样黑咕隆咚。其实，"蚂蚁"不知道现在正是"外面"的夜晚呢。"蚂蚁"太累了，他摸黑爬上了一棵樱桃树，静静地趴好，睡了一觉。

一觉醒来，"蚂蚁"发现一切都变了个样：天空湛蓝湛蓝的，河水清澈见底，草儿嫩绿嫩绿的，花儿散发着独特的清香……一切是那么美好！在露珠镜子中，"蚂蚁"发现自己也变了一个样。他的两只眼睛又大又明亮，背上还长了两对透明的大翅膀，相当漂亮！"蚂蚁"太开心了，他扑扑地扇动翅膀，柔柔的风就带着他飞起来了。在空中，"蚂蚁"看见了一个精彩的世界：弯弯的小河、郁郁葱葱的树林，还有远方白白的雪山……"蚂蚁"觉得这一切棒极了！他尽情地唱起了歌，迫切地想和大家分享他的喜悦。"知了——知了——"

于是，一群孩子顺着声音发现了他。"快看，这是今年刚刚出土的蝉哦！他已经在地底下生活了5年，我们不要去打扰他！"

"哇，这就是书里写的那个夏日音乐家——蝉啊！"原来，那个很小的东西并不是"蚂蚁"，而是蝉。

所见

[清] 袁 枚

牧童骑黄牛，

歌声振林樾。

意欲捕鸣蝉，

忽然闭口立。

义务教育教科书语文三年级节选

科学进阶

　　蝉，俗称"知了猴"，属于不完全变态昆虫，其一生会经历蝉卵、若虫和成虫三阶段。蝉卵在树上孵化，一般为 30 天左右。孵化成功的若虫蝉会掉落在地上，钻入土中，在土中生活很长一段时间。一般情况下，蝉蜕变到成虫期后 1~2 个月就会死亡。虽然成虫的蝉寿命较短，但蝉在若虫阶段，能够在土壤中存活很多年。不同的品种的蝉寿命不同，常见品种会在土中待 1~3 年，或 5 年，甚至17 年。

灵光乍现

　　了解蝉的一生以后，想一想：蝉的生命历程给了我们怎样的启示？

小青蛙送礼物

　　小兔乖乖住在月光森林里很久了，和这里的小动物们相处得都很融洽。最近，乖乖的生日快到了，她很期待。因为她的好朋友们每年都会为她准备**各种各样**精美的生日礼物。

　　小青蛙风风和乖乖认识不久，还从来没送过礼物给乖乖。他想，第一次送礼物给乖乖，一定要送一份特殊的礼物。送什么好呢？他想呀想，最后他看着自己家池塘里的荷花，突然想到了他可以送莲藕。但是，把莲藕直接送给小兔也太**简陋**了，于是，风风向妈妈寻求帮助。

　　"妈妈，我想送莲藕给乖乖，但是有没有什么办法让我的

莲藕看起来更独特呢?"风风说。

"更独特?"风风妈妈顿了顿接着说,"这还不简单,包在我身上,你就等着那天直接找我拿吧!"

听见妈妈这么自信地说,风风有点担心但又觉得妈妈一定不会骗他的,也就没再说什么。

等到乖乖生日这天,风风起了个大早,没想到妈妈比他更早。只见风风妈妈正在厨房里**忙上忙下**,餐桌上已经有一个包装得很精美的小盒子了。风风高兴地说:"妈妈,这是你帮忙准备的礼物吗?里面是什么啊?"

风风妈妈神神秘秘地说:"这只是一部分,还有一些在这里呢!"

风风走了过去,看见妈妈正在炸什么东西,忙不迭地问:"妈妈,你在炸什么啊?"

"嘿嘿,这是莲藕盒子,等下我做好了你装在饭盒里,带过去和大家一起吃。"风风妈妈说。

"哇!闻起来好香啊,大家一定会喜欢吃的。"风风笑得格外**灿烂**。

随后,风风提着妈妈包装好的礼物和饭盒出门去乖乖家了。不一会儿，大家都到齐了，纷纷把自己的礼物递给乖乖。然后，大家为乖乖唱了生日歌，等到乖乖切蛋糕的时候，风风才拿出为她准备的特殊的礼物，他对乖乖说："这个是神秘礼物，这个是莲藕盒子，等下我们一起吃吧！"接过礼物，乖乖开心极了。

大家吃蛋糕的同时都尝了尝莲藕盒子，小熊笨笨惊呼："咦，好好吃啊！没想到莲藕还能这样吃。"

"我也觉得好好吃，另外这个礼物也是和莲藕有关系的哦！"风风自豪地说。

"真的吗？那快拆开看看吧，好想知道还有什么惊喜。"小刺猬皮皮激动地搓着小手说。

乖乖把风风送的礼物打开一看，里面是两个漂亮的小盒子，拧开盒子发现里面装的都是粉末，有一股淡淡的清香。乖乖问风风："哇，好香

啊，这是什么香粉吗?"

"啊，其实我也不知道，我只是跟妈妈说想送点特别的，和莲藕有关的礼物。这是我妈妈帮我制作的。"风风摸着自己的脑袋尴尬地回答。

"和莲藕有关? 哦，我知道了，这是藕粉。"小马东东突然大声说。

"对了，我听我妈妈说过，这个是泡水喝的，莲藕中含有钾、铁、钠、镁等微量元素，这些微量元素有助于血液中红细胞的产生。藕粉具有增强免疫力、健脾开胃的功效，还具有清热凉血、除烦安神的功效呢!"大象桂桂介绍着。

"哇，这个礼物我好喜欢，我可喜欢喝粥一样的东西了。谢谢风风送我这么好的礼物。"乖乖听了桂桂的介绍心动极了。

风风听到乖乖的感谢害羞地脸红了。

赠刘景文

〔宋〕苏 轼

荷尽已无擎雨盖，菊残犹有傲霜枝。

一年好景君须记，最是橙黄橘绿时。

义务教育教科书语文三年级节选

科学进阶

藕，莲科多年生水生草本植物的根茎。该植物根茎横生，肥厚；花浮于水面，花瓣呈椭圆形或倒卵形；雄蕊多数，花药黄色，柱头呈辐射状；种子生于"莲蓬"孔内，卵形，种皮红色或白色。花期6~9月，每日晨开暮闭；果熟期9~10月。莲藕分为七孔藕和九孔藕，七孔藕生长在南方的水塘里，被称为塘藕；九孔藕生长在北方，被称为田藕。

藕喜欢生长在肥沃、有机质多的微酸性的黏土中，喜温暖、喜水。藕的繁殖方式有很多，包括种子繁殖、整藕繁殖、子藕繁殖、藕头繁殖、藕节繁殖等。藕的营养价值和药用价值相当高，《名医别录》中认为生藕性寒，能生津凉血；熟藕性温，能补脾益血，减少脂类的吸收。

灵光乍现

除了莲藕，莲子也是荷花的重要部分，你知道莲子有什么神奇的功效吗？

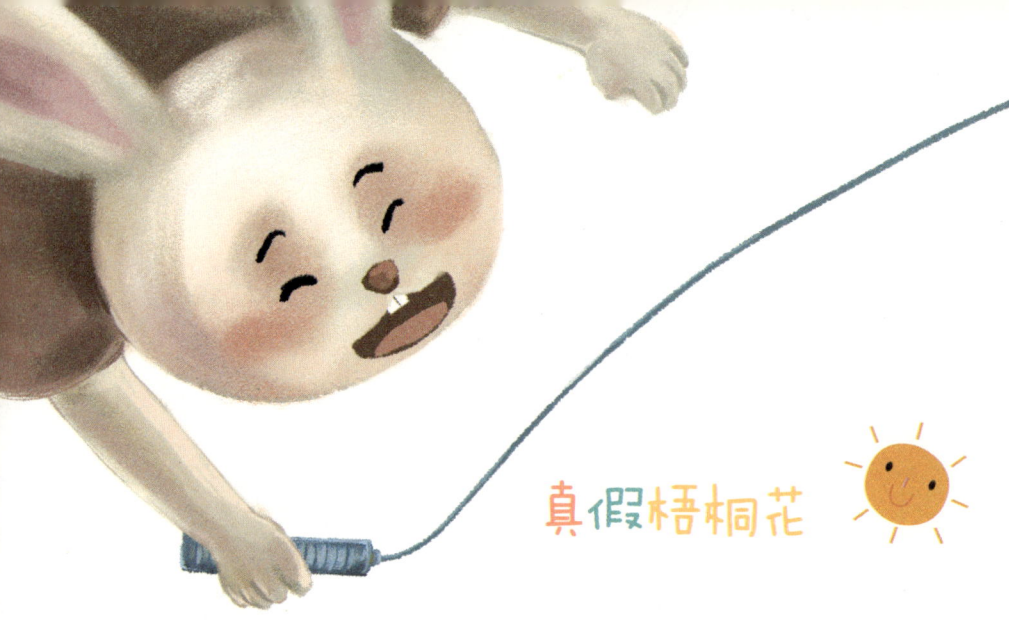

真假梧桐花

　　一天下午，小兔子燕燕和小熊敦敦、小猴飞飞正在树林里开心地跳绳。突然，小刺猬童童**急急忙忙**地跑过来对敦敦说："敦敦快回去！你家着火了！"敦敦听完这话就**惊慌失色**地跑回家了。幸好敦敦的爸爸妈妈都没有受伤，大家都在帮忙救火。这时，敦敦想到奶奶送给他的小背包，他急得想冲进去救回他的小背包。

　　飞飞和童童发现后，急忙跑去拉住敦敦说："敦敦，你干什么，这样会受伤的！"尽管被拉住，但是火势太大了，敦敦还是不小心被灼伤了。

　　敦敦妈妈看到敦敦受伤，着急地哭了起来："这可怎么办才好啊？以后可要留疤了！"燕燕赶紧去请了大树医生过来。

　　大树医生赶来看了看敦敦的情况，转头对敦敦妈妈

说：“别担心，只要把梧桐花粉末和香油调制成膏状，涂抹在受伤的部位，每天换药一到两次，几次以后烧伤的肿痛感就会明显减轻。”

听到大树医生这么说，小伙伴们都**自告奋勇**地说："敦敦妈妈，你在家照顾敦敦吧，我们去寻找梧桐花！"

敦敦妈妈感动地说："谢谢你们，你们真是敦敦的好朋友！"

于是，飞飞、燕燕、童童都走向了树林。飞飞走了左边的小路，燕燕和童童一起走了右边的小路，两个小队分头开始找梧桐花。

"敦敦妈妈，找梧桐花也不是一时半会儿就能找到的，我先去下一家看个急诊，等你们找到了来叫我就行。"大树医生对敦敦妈妈说。

"好，辛苦您了，您先去忙。"敦敦妈妈目送完敦敦的几个小伙伴后转身对大树医生说。

这边，飞飞正在路上一边走一边想，梧桐树长什么样呢？呀！想起来了，妈妈曾经带他去长满梧桐树的小路散过步，梧桐树的叶子像一个个的小巴掌，树干是白灰色。照着这个特征，飞飞很快就找到了梧桐树。但是，飞飞发现梧桐树上只有两个两个的小球一样的东西挂在树上，心想这应该就是梧桐花了，反正先摘了再说。紧接着，飞飞三两下就爬到树上摘了一篮子小球。另外一边的燕燕和童童也找到了梧桐花，不一会儿就装满了一篮子淡黄绿色的小花。

最后，三位小伙伴几乎是同时赶到了敦敦家，都把篮子递给了敦敦妈妈。敦敦妈妈接过篮子发现一个篮子装的是花，一个篮子装的是小球一样的东西，问："你们怎么摘的不一样呀，谁摘的才是真正的梧桐花呢？"

"我摘的。"三位小伙伴**异口同声**地回答道。

"什么情况？大家怎么都说自己摘的没有错呢？这

可怎么办？”听到小伙伴们都这么说，
敦敦妈妈一时也摸不着头脑了。

　　“我们去把大树医生找来，让他
来分辨吧。”童童提议。

　　“好呀，我跑得比较快，我去吧！”飞飞回应说。

　　“那就辛苦你跑一趟了，飞飞。”敦敦妈妈有些不好
意思地说。

不一会儿，大树医生来了，他指了指燕燕和童童的篮子说："这是梧桐花。"

这下飞飞疑惑不解了，立马问道："那我摘到的是什么呢？我妈妈当时明明说有巴掌一样叶子的就是梧桐树呀！如果不是的话，那这又是什么？"

"你摘到的是法国梧桐的果实。"大树医生说。

"法国梧桐？"这下大家都觉得奇怪了。

燕燕问："法国梧桐不是梧桐吗？"

"不是。但是飞飞这个'法国梧桐'也不是真正的法国梧桐，真正的法国梧桐是三球悬铃木，飞飞这个是二球悬铃木。这个二球悬铃木既不是来自法国也不是梧桐树，只是因为是法国人在中国种的，加上叶子有点像中国梧桐，所以就被称为法国梧桐了，实际上它不是梧桐属落叶乔木。"大树医生娓娓道来。

"哦，原来是这样。"这下大家都明白这是怎么一回事了。

敦敦妈妈说："虽然飞飞摘到的不是梧桐花，但还是要感谢飞飞、童童和燕燕，谢谢你们帮助了我，也帮助了敦敦。"

"不用客气的，敦敦妈妈，我们都是敦敦的好朋友，帮他找药是应该做的。"燕燕礼貌地对敦敦妈妈说。

"是呀，是呀。幸好燕燕和童童找到了真正的梧桐花，不然可要耽误治疗了。"飞飞挠挠脑袋不好意思地对敦敦妈妈说。

　　"好了，大家都辛苦了，那接下来还得请敦敦妈妈辛苦一下吧！哈哈，我需要和你说一下怎么把这个梧桐花制成药膏。"大树医生笑着说。

　　在大树医生的指导下，敦敦妈妈把梧桐花晒干以后，磨成粉末，制作成药膏，每天都涂在敦敦受伤的地方，没过几天敦敦就好多了，又能和小伙伴们开心地跳绳了。

 **课本联通**

　　每一片法国梧桐树的落叶，都像一个金色的小巴掌，熨帖地、平展地粘在水泥道上。它们排列得并不规则，甚至有些凌乱，然而，这更增添了水泥道的美。

义务教育教科书语文三年级节选

**科学进阶**

　　悬铃木为悬铃木科乔木，是悬铃木科悬铃木属约 7 种植物的通称。悬铃木树形雄伟，枝叶茂密，是世界著名的优良庭荫树和行道树。别称为"行道树之王"的法国梧桐，便是悬铃木科其中一种，分布于东南欧、印度和美洲，中国引入栽培的有 3 种，供观赏用和作行道树。法国梧桐是落叶大乔木，高可达 35 米。枝条舒展，树冠广阔，呈长椭圆形，树皮灰绿或灰白色。但上海常见的"法国梧桐"并不是真正的法国梧桐，其中文正式名称是二球悬铃木。悬铃木可以根据每个果序柄上的果实数量来区分，有一球悬铃木（美国梧桐）、二球悬铃木（英国梧桐）和三球悬铃木（法国梧桐）。

 **灵光乍现**

　　除了法国梧桐，你还知道有哪些树木常作为行道树呢？它们为什么会被选择作为行道树呢？

秋天的魔法

秋姑娘来了，像变魔法一样把金黄的颜色涂满了整个大地，把万物铺在了九月的画卷上。原本枝叶繁茂的绿意，瞬间变成金灿灿的了。

田边的大树上，两只小画眉鸟探着脑袋看着外面，其中一只小画眉鸟盯着眼前飘落的树叶，好奇地说："为什么绿色的树叶都变成了黄色呢？"

"对啊，我从来没想过这个问题欸！"另一只大声地说。他们所居住的大树上的树叶纷纷变黄、飘落，纷纷扬扬的好像一只只美丽的黄色蝴蝶在空中翩跹起舞。

"是啊，不仅是变成黄色，还有红色、褐色。"树洞里钻出来一只小松鼠说，"枫树叶变成了红色，橡树叶变成了褐色，银杏叶变成了黄色，这些都是为什么呢？"

画眉鸟弟弟说："那我就更不知道了，我还没有飞出过巢穴看过那些红色的、褐色的树叶呢！"

画眉鸟哥哥提议说："要不我们去找大象博士吧，他是植物学家，他一定知道！"

于是，两只小画眉鸟和小松鼠一起来到了大象博士

家，说出了他们的困惑。

"你们是问为什么有的树叶变黄，有的树叶变红，有的甚至变成了褐色吗？"大象博士说。

"对呀，对呀！"三个好奇的小脑袋快速点了起来。

"树叶里面有一种叫色素的东西，叶绿素让树叶呈现出绿色，叶黄素和胡萝卜素让树叶呈现出黄色。这些色素各自适应着不同的环境和温度。"大象博士解释说。

"哦，所以秋天来了，温度变低了，就产生不出叶绿素了，对吗？"

"对，叶绿素的合成需要较强的光照和较高的温度。春夏时节，叶绿素产生量大于分解量，叶片就绿油油的；到了秋冬季节，光照减少，温度降低，叶绿素合成量小于分解量，叶片也就不再是绿色了。"大象博士补充说，"而胡萝卜素和叶黄素比较稳定，受光照和温度影响小。所以，秋冬一到，叶绿素减少，它们就特别抢眼，叶片也就成了黄色。"

小松鼠说："噢，懂了懂了，那为什么有的树叶是变成红色而不是黄色呢？"

大象博士耐心地解释说："这个啊，是因为花青素。

花青素只有部分树叶能产生，比如枫叶。在秋冬季节，由于温度降低，就会产生花青素，然后叶子就会变红了。"小画眉鸟和小松鼠认真地听大象博士讲着。

"可是，大象博士，我还有一个问题。"画眉鸟弟弟小声说，"为什么有的树叶既不变黄，也不变红呢？一年四季都是绿色的。"

大象博士笑着摸摸小画眉鸟的脑袋说："你观察得真仔细！是的，像枇杷树、杨梅树这些树的树叶都是一年四季常青的。"

"这是为什么呢？"

"这是因为常青树的叶子上有一层厚厚的蜡质角质层呀，这层蜡质有助于防止水分流失，保护叶绿素免受破坏。所以叶子才能保持绿色而不会变黄。"大象博士温柔地说。

原来，这并不是秋天的魔法，是树叶的秘密。秋天走了，冬天会来。冬天走了，春天就又回来了。树叶就这样一年又一年守着它的秘密在风中起舞、落下、重生。

33

课本联通

道路两旁的法国梧桐树，掉下了一片片金黄金黄的叶子。这一片片闪着雨珠的叶子，一掉下来，便紧紧地粘在湿漉漉的水泥道上了。

义务教育教科书语文三年级节选

科学进阶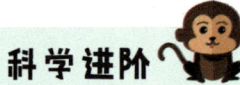

树叶是植物进行光合作用、制造养分的主要器官。树叶的颜色则由树叶内的色素决定，有叶绿素、胡萝卜素、叶黄素和花青素。叶绿素通过光合作用吸收红光和蓝光，反射出绿色光，并且将二氧化碳和水转换成氧气和碳水化合物。植物需要依靠阳光和温暖的气候来保持叶绿素的含量。秋季到来，白天时间变短，气温逐渐转凉，叶子产生的叶绿素就会越来越少，而花青素和叶黄素、胡萝卜素等的消耗速度没有那么快甚至有的还会增加。其中，叶黄素使秋天的叶子呈现黄色，胡萝卜素和花青素使叶子呈现出红色。

灵光乍现

你还知道哪些在秋天会变色的树叶吗？除了变色，叶子落下来一般是背面朝上，这又是为什么呢？

森林歌唱大赛

　　每年，森林里都会举行一场盛大的歌唱比赛，会唱歌的小动物们纷纷报名参加，想要一展歌喉，拿下森林歌唱家的称号。小动物们为了夺得冠军，很早就开始练习了。

　　这天，天气非常炎热，小蜜蜂正在花房**忙前忙后**地酿蜂蜜。突然，他想起那些练习唱歌的选手，心想：他们唱歌那么累，一定很需要我酿的蜂蜜润润嗓。于是，小蜜蜂提着一大罐蜂蜜赶去送给努力练习的小动物们。

　　小蜜蜂飞呀飞，他看见了一棵粗大的樱桃树上，蝉姑娘正在进行开嗓练习，"知了——知了——"地唱个不停。

　　小蜜蜂飞了过去，问："蝉姑娘，你唱了这么久一定累了吧？你的嗓子疼不疼？这罐蜂蜜我想送给你润润嗓子。"

　　蝉姑娘微笑着摇了摇头："谢谢你啊，小蜜蜂。我啊，用肚子而不是嗓子来唱歌的。你瞧，我肚子上有个发声器，我的声音就是从这里发出来的。"

　　小蜜蜂一看，果然像蝉姑娘说的那样，她的肚子随着歌声一缩一张呢！小蜜蜂只好告别了蝉姑娘，继续寻找其他选手。

小蜜蜂又飞呀飞，停在了一株小草上，忽然听到了"喔喔"的歌声，原来是石头下的蟋蟀哥哥在歌唱。

"蟋蟀哥哥，你唱歌累不累啊？我想把我的蜂蜜送给你润润嗓子。"小蜜蜂说。

蟋蟀也摇了摇头，说："谢谢你啊，我不用嗓子唱歌。我的声音是翅膀相互摩擦而产生的。你的蜂蜜送给其他有需要的小动物吧！"

小蜜蜂一看，蟋蟀哥哥的翅膀擦来擦去的，动得还挺快的。他只能叹了叹气，继续往前飞。

路上，小蜜蜂遇见了大雁姐姐，大雁姐姐说："小蜜蜂你提着一个大罐子准备去哪呀？"

"大雁姐姐，我想把我酿的蜂蜜送给那些参加唱歌比赛的选手润润嗓，我刚刚问了蝉姑娘和蟋蟀哥哥，他们都说不需要。"小蜜蜂有些难过地说。

"这样啊，要不你去池

塘边看看，我看见青蛙乐团正唱得欢呢！"大雁说。

"好啊好啊，谢谢大雁姐姐！"

于是，小蜜蜂飞呀飞，穿过了草丛，飞到了一片池塘之上。"呱呱呱——呱呱呱——"，好几只小青蛙正在池塘里合唱呢！小蜜蜂激动起来了，心想：这么多歌唱选手，一定很需要我的蜂蜜，他赶忙飞了过去。

"青蛙哥哥们，你们好呀！你们唱得真好听啊，又响亮又清脆，一定唱累了吧，我想把我酿的蜂蜜送给你们润润嗓。"

青蛙们都摇了摇头，说道："谢谢你的心意呀，可是我们唱歌是用嘴旁边的两个鸣囊来让声音变得又响又亮的，嗓子一点也不疼。"

　　小蜜蜂看了看，果然是这样。青蛙哥哥们都有两个鼓鼓的泡泡，唱起歌来一鼓一鼓地动着。这回小蜜蜂**垂头丧气**了，他想：应该没有人需要我的蜂蜜吧。

　　突然，远处的大树上传来一阵清脆悠扬的歌声。青蛙哥哥们安抚道："小蜜蜂，你听——这是黄莺姐姐的歌声，她是上一届的冠军呢！她是用嗓子唱歌的，一定很需要你的蜂蜜！"小蜜蜂听到这话瞬间有了精神，开心地和青蛙哥哥们道别了。

　　他来到黄莺姐姐住的大树上，激动地问："黄莺姐姐，你好，请问你是用嗓子歌唱的吗？"

　　黄莺姐姐停止了歌唱，回答道："我是用嗓子歌唱的呀！"

　　"那你一定唱累了吧，这是我酿的蜂蜜，送给你润润嗓。"小蜜蜂说。

　　黄莺高兴地接过了蜂蜜，说："谢谢你呀！我真的很需要这个来润润嗓，有了你的帮助，我一定能唱得比去年还要好！"

　　最后，小蜜蜂欢快地飞回了家里。他把自己送蜂蜜的经历告诉了花房里其他的蜜蜂，大家听得**津津有味**。

听听，

秋的声音，

蟋蟀振动翅膀，

"嚁嚁"，

是和阳台告别的歌韵。

义务教育教科书语文三年级节选

科学进阶

蟋蟀，无脊椎动物，昆虫纲，直翅目，蟋蟀总科。亦称促织，俗名蛐蛐、将军虫、秋虫、斗鸡、土蜇等，"和尚"则是对蟋蟀生出双翅前的叫法。蟋蟀是一种古老的昆虫，至少已有1.4亿年的历史。蟋蟀靠翅膀的摩擦来发出声音，在蟋蟀雄虫的前翅上，有旋涡纹状的翅膜，一边翅膀长着锉刀状的翅膜——弦器，另一边翅膀长着较硬的翅膜——弹器。当这两种发音器相互摩擦时，就能发出声音。雌蟋蟀的翅膀没有发音的构造，不能发出声音。

灵光乍现

想一想，除了蝉、蟋蟀、青蛙等，还有哪些动物是不用嗓子发声的？它们又是怎么发声的呢？

太阳妈妈的四个孩子

　　太阳妈妈有四个可爱的孩子，分别是春、夏、秋、冬。四个天真可爱的孩子，每天在一起嬉戏，玩耍，**亲密无间**，然而在昨天，他们突然争论起了谁更厉害，大家都讲得**头头是道**，话语间满是骄傲。

　　春姑娘第一个站出来，**趾高气扬**地说："我一来到人间，万物复苏。草绿了，花开了，农民们在田野里撒谷播种，大地变成了一幅**人勤春早**的美丽图画，你们谁能跟我比！"

　　"嘿嘿，你算什么！"夏哥哥

说，"我一出场，**骄阳似火**。万物生长离不开我，特别是孩子们喜欢我，他们在湖里、河里、池塘里游泳嬉戏，摸鱼捉虾，好不快乐！"

听了这些话，秋妹妹也发言了："秋天，'霜叶红于二月花'！秋高气爽，蔚蓝的天空中飘着朵朵白云，不时有丝丝凉风掠过。秋天，瓜果熟了，谷子黄了，棉花白了，人民的温饱我解决了，你们呢？"

弟弟冬儿也不甘示弱地说："'瑞雪兆丰年'！你们知道吗？冬天的雪能为大自然补充水分，寒冷的天气也能消灭部分害虫。而且在冰雪的世界里，孩子们能打雪仗、堆雪人，你们能做到吗？"

四个孩子**争论不休**，都快要打起来了。

这时，太阳妈妈说话了："你们说的都对，但又不全面。在这个世界上，春姑

娘播种万物，夏哥哥施与**阳光雨露**，秋妹妹带来**累累果实**，冬弟弟准备明年再生产，缺一不可啊！你们都有自己的优势，可只有大家互相配合，按规律轮回，才能有这个**五彩缤纷**的世界。你们想一想，是这个道理吧？"

听了太阳妈妈的话，春姑娘、夏哥哥、秋妹妹和冬弟弟都脸红了。他们**异口同声**地说："明白了！太阳妈妈，是我们这个整体构成了这个美丽的世界！"

就这样，大家和睦相处了一年又一年，把世界装点得**璀璨夺目**。

课本联通

秋的声音，

在每一片叶子里，

在每一朵小花上，

在每一滴汗水里，

在每一颗饱满的谷粒里。

义务教育教科书语文三年级节选

科学进阶

　　春夏秋冬是指地球一年的四个季节，是地球围绕太阳运行所产生的结果。不过地球是歪着身子绕太阳公转的，与此同时，也在进行着自转。赤道与地球公转的轨道形成了一个倾斜角，正是因为这个倾角的存在，才会使地球表面接收到的太阳热量不同，并且热量也会随着太阳照射角度的变换而变化，天气的冷暖正是因为这种变化而产生。于是，人们依据气温的变化把一年分为春夏秋冬四个季节。

灵光乍现

　　想一想：除了温度的变化，春夏秋冬四个季节还有没有给你的生活带来其他的影响？

红细胞的旅行

在人的体内，有一群热爱旅行的小伙伴，他们就是红细胞。他们不仅热爱旅行，还很"热心肠"，在旅行的途中不断地帮助有需要的朋友，来维持人体的正常运行。

红细胞们最喜欢手拉手一起旅行了，他们制定了两条旅游路线：一是去肺哥哥家，二是去外面到处走走。有的想去这里，有的想去那里，意见各不相同。最后，一部分小伙伴去肺哥哥家，一部分去别的地方。他们像往常一样一齐和心脏妈妈告别。

在前往肺哥哥家的路上，红细胞遇到了二氧化碳弟弟。

二氧化碳弟弟说："带上我吧，我也要去肺哥哥家。"于是，大家一同来到了肺哥哥家，肺哥哥正在接待一群

氧气小弟弟，场面好热闹呀！而二氧化碳弟弟在肺哥哥家看到了**各式各样**的好玩的玩具，玩得不亦乐乎。

肺哥哥也很喜欢可爱的二氧化碳弟弟，还说："你要是喜欢，我还可以带你到外面去看看，外面玩具更多！"

"好呀，好呀！"二氧化碳弟弟**迫不及待**地回答。

不一会儿，肺哥哥打算带二氧化碳弟弟出门了。于是，红细胞们同肺哥哥告别准备离开。这时，氧气小弟弟们得知他们要去旅行，也想跟着一块儿去，就一同和肺哥哥告别了。路上，氧气弟弟们走不动了，红细胞哥哥们轮流背着他们，他们一起去了许许多多的地方旅行。红细胞哥哥背起氧气弟弟的时候，整个身体就会变得红红的；放下氧气弟弟的时候，身体就会变得紫紫的。最后，他们又一齐回到了家里，心脏妈妈正等着他们呢。

另外一队红细胞就走得比较慢，他们**漫无目的**地东走走，西看看，一会儿经过主动脉家喝个茶休息休息，一会儿又在毛细血管家玩得不记得时间。毛细血管家可大了，有的红细胞在客厅玩游戏，有的红细胞在花园赏

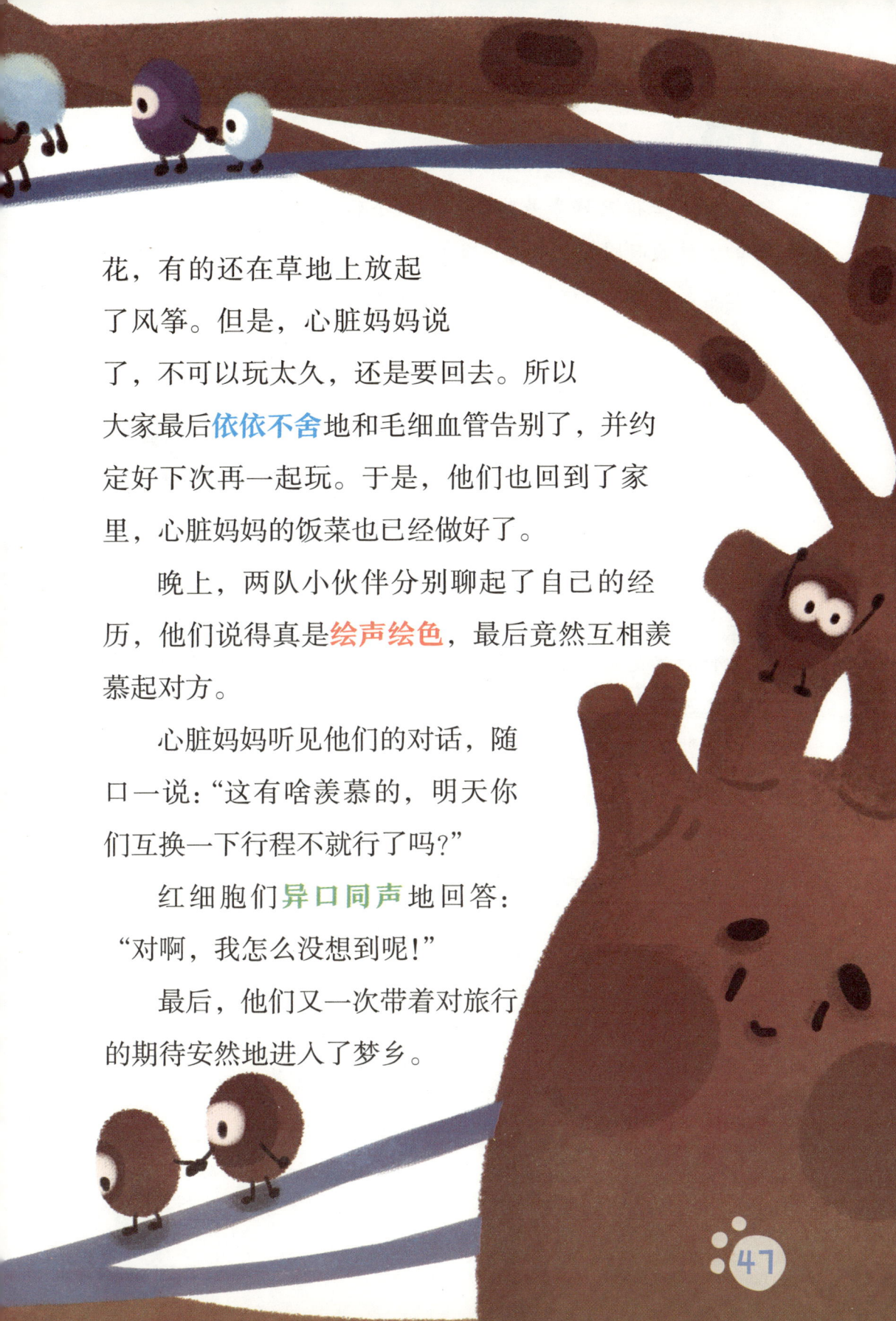

花，有的还在草地上放起
了风筝。但是，心脏妈妈说
了，不可以玩太久，还是要回去。所以
大家最后依依不舍地和毛细血管告别了，并约
定好下次再一起玩。于是，他们也回到了家
里，心脏妈妈的饭菜也已经做好了。

晚上，两队小伙伴分别聊起了自己的经
历，他们说得真是绘声绘色，最后竟然互相羡
慕起对方。

心脏妈妈听见他们的对话，随
口一说："这有啥羡慕的，明天你
们互换一下行程不就行了吗?"

红细胞们异口同声地回答：
"对啊，我怎么没想到呢！"

最后，他们又一次带着对旅行
的期待安然地进入了梦乡。

小女孩只好赤着脚走，一双小脚冻得红一块青一块的。她的旧围裙里兜着许多火柴，手里还拿着一把。这一整天，谁也没买过她一根火柴，谁也没给过她一个硬币。

义务教育教科书语文三年级节选

 科学进阶

人的血液中几乎有一半是红细胞，它的存在决定着血液的颜色。而红细胞中有着充满活力的血红蛋白，它们的主要功能是运输氧。血红蛋白拥有变色的功能，当它与氧结合后就变成了氧合血红蛋白，呈鲜红色；与氧离解后就是还原血红蛋白，呈暗紫色。因此，人在受冻后，皮肤变成青紫色就是因为在扩张的皮肤血管里，充满了过多的还原血红蛋白。通常，当皮肤受冻变成青紫色时，说明受冻时间比较长了。此时如果不尽快回到温暖的环境中，那么受冻的部位会因血液凝固发生阻塞，发生冻伤。

灵光乍现

血管中除了红细胞，还有白细胞和血小板，它们分别有什么作用呢？

爱吃土豆的小熊

今天叮咚中学举行了活动并且提前结束了，所以小熊便早早地回了家。森林的小路上，小熊正**蹦蹦跳跳**地走着，心里还想着今晚妈妈会给他做什么好吃的呢！毕竟小熊最喜欢吃**各种各样**的美食了，尤其是土豆，用土豆做的所有美食小熊都超级喜欢。

"妈妈，我回来了!"小熊推开门后，像往常一样喊了一句。然而奇怪的是，家里空无一人。平时妈妈都会大声地说："宝贝回来了，快洗手吃饭!"不过，小熊也没多想，径直走向厨房，看着案板上放着几个土豆，小熊心里默默地想，大概是妈妈准备给我做土豆的时候临时有事出去了。

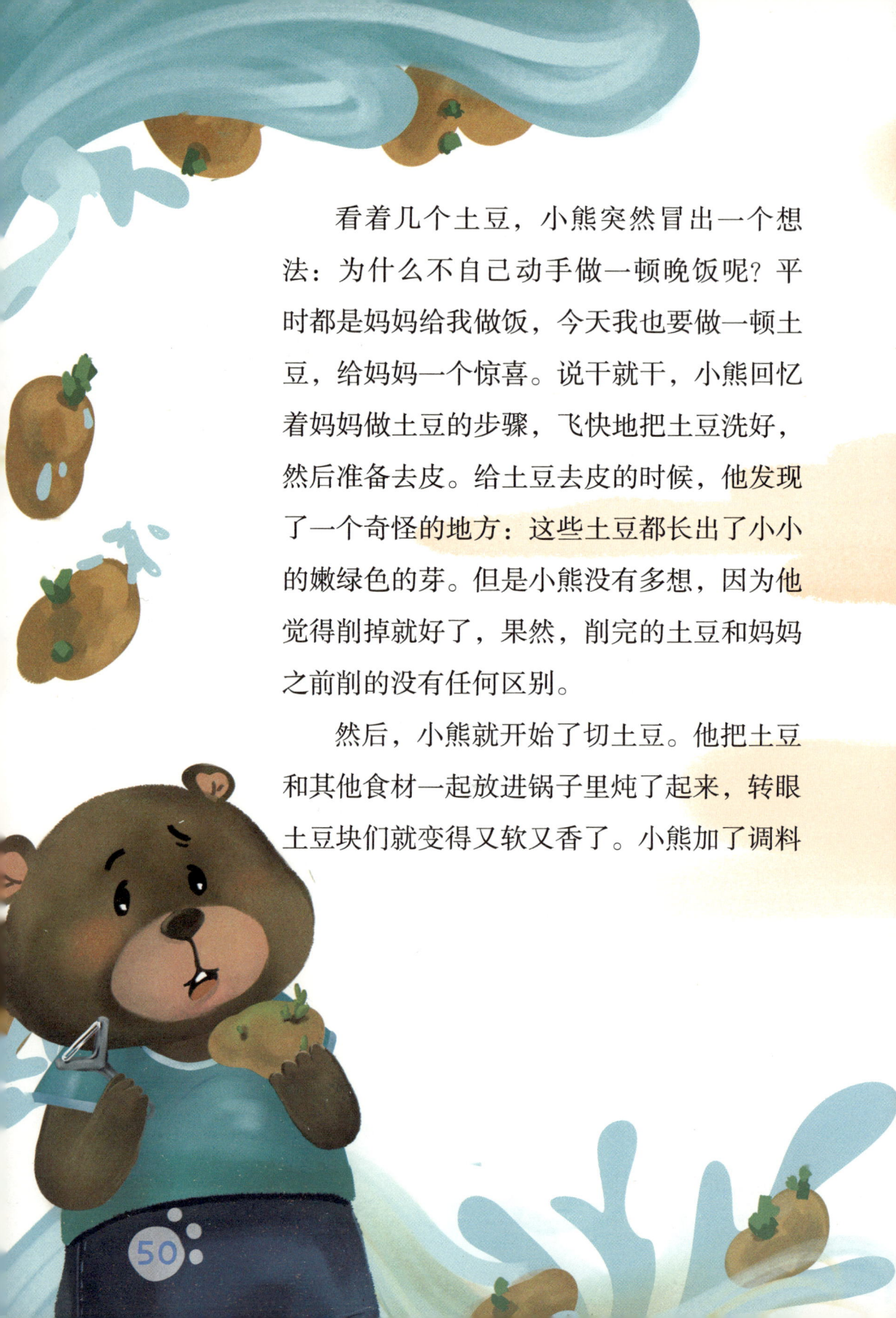

看着几个土豆，小熊突然冒出一个想法：为什么不自己动手做一顿晚饭呢？平时都是妈妈给我做饭，今天我也要做一顿土豆，给妈妈一个惊喜。说干就干，小熊回忆着妈妈做土豆的步骤，飞快地把土豆洗好，然后准备去皮。给土豆去皮的时候，他发现了一个奇怪的地方：这些土豆都长出了小小的嫩绿色的芽。但是小熊没有多想，因为他觉得削掉就好了，果然，削完的土豆和妈妈之前削的没有任何区别。

然后，小熊就开始了切土豆。他把土豆和其他食材一起放进锅子里炖了起来，转眼土豆块们就变得又软又香了。小熊加了调料以后，忍不住尝了一口，感叹道："好鲜美啊，果然土豆就是最好吃的食物。"小熊控制不住地又吃了好几口。

可过了没一会儿，小熊突然肚子疼了起来，疼得他在地上滚来滚去的，完全没办法站立。幸好，熊爸爸和熊妈妈及时回家了，他们看到地上滚来滚去的小熊被吓得脸色苍白。熊妈妈冲到小熊跟前着急地询问："宝贝，你怎么了，怎么疼成这样？"

"妈妈，我……我给你们做土豆汤，做好后尝了尝土豆就变成这样了。"小熊喘着粗气虚弱地说。

"啊……孩子，你怎么吃了那个土豆！那个已经发芽了，是有毒的，我准备把它们种到菜园里面去的！"熊妈妈此时很内疚，她很后悔没有及时把那些发芽的土豆处理掉。

　　"好了，快别说了，赶紧带孩子上医院去吧！"熊爸爸心里也万分焦急。于是他二话不说就扛起了小熊，直往动物森林医院赶。经过医生的治疗后，小熊的症状缓解了许多。

　　看着躺在床上虚弱的小熊，熊妈妈心疼极了，哭着说："都是妈妈不好，妈妈明知你那么爱吃土豆，应该记得把发芽的土豆收好的。"

　　"妈妈，没事，我好很多了，也怪我贪吃，没忍住多吃了几口土豆。"小熊轻声地安慰着妈妈。

这时，牛医生进来了，简单地说了下小熊的情况：
"小熊爸爸和小熊妈妈，你们不用担心，小熊没有特别
大的问题。幸亏你们及时送医，才没有让事情恶化。"

"好，谢谢医生。"听到牛医生的话，小熊的爸爸妈
妈这才松了一口气。

牛医生又转身弯下腰对小熊说："土豆长芽会产生一
种有毒物质叫龙葵素，过量摄入龙葵素可能导致胃肠道
问题，出现恶心、呕吐和腹泻等症状。在极端情况下，
严重中毒可能导致昏迷和呼吸困难。幸亏你爸爸妈妈把
你及时送到了医院，以后一定要格外注意！"

"谢谢医生，我知道了，以后我一定注意！"小熊认
真地听了牛医生的建议以后，小声地说。

 **课本联通**

农夫把树拖到自家院子里，花了好些日子，做成了一辆手推车。

农夫把谷子、土豆……还有调皮的儿子，放在手推车上，推着车在山路上跑来跑去。

义务教育教科书语文三年级节选

 **科学进阶**

土豆，学名马铃薯，是茄科茄属的一年生草本植物。薯皮白色、淡红色或紫色；薯肉有白、淡黄、黄色等色。马铃薯原产于南美洲，16世纪传到印度，继而传到中国。马铃薯喜冷凉干燥气候，适应性较强，以疏松肥沃沙质土为宜，生长周期短而产量高。因种子繁殖会导致性状分离，所以马铃薯最常用的繁殖方式是无性块茎繁殖。马铃薯味甘，性平，有益气、健脾、解毒、消肿等功效。皮色发青或发芽的马铃薯因含过量龙葵素，有毒而不能食用。

 **灵光乍现**

你还知道哪些食物，如果处理不好，就会产生有毒物质吗？

小麻雀生气了

　　小麻雀和小蚂蚁是好朋友，可是两个小伙伴在一起玩耍的时间很少，因为小蚂蚁真的又忙又神秘。

　　这天，天空蓝得像一方纯色的蓝手帕，停留的几朵细碎的白云，宛如绣在手帕上的花朵。小麻雀的心情也格外畅快，她来到小蚂蚁家，却扑了个空，原来小蚂蚁又跟着大部队出去寻找食物了。

　　小麻雀在天空中飞来飞去地寻找着，终于在一棵大树底下找到了正在**歇息**的小蚂蚁，她迅速地飞下去冲小蚂蚁喊："小蚂蚁，今天天气这么好，我们出去玩吧！"

　　"抱歉啊，小麻雀，我休息一会儿后还得跟着队伍去寻找食物。"好不容易找到小蚂蚁却被拒绝了，小麻雀非常失落。小蚂蚁总是没有空，因为他的队长每天都分配给他许多的搬运任务。

但是当天气一转凉，蚂蚁一族就不会再出来活动了，小麻雀就更不可能和小蚂蚁出去玩耍了。有时小蚂蚁甚至会消失不见，整个家都搬走了。有一次，小麻雀好不容易找到他的新家，想和他出门走走，但小蚂蚁死活也不肯出来，只是和他的蚂蚁同伴们聚集在蚁巢中，准备利用之前收集的食物度过严寒的冬天。小蚂蚁说："小麻雀，不是我不出去，是我扛不住这个温度。"小麻雀无奈地叹了叹气，然后飞走了。

终于，严寒的冬天过去了，小麻雀可高兴啦，这下小蚂蚁可不能拒绝她了。她兴高采烈地畅想着他们的游玩计划，幻想着久别重逢小蚂蚁一定会给她这个好朋友一个大大的拥抱。于是，小麻雀蹦蹦跳跳来到小蚂蚁的家，小麻雀满心欢喜地说着："小蚂蚁我们去玩儿吧！"

谁知小蚂蚁只顾着说："好渴呀！我想喝水！"

小麻雀有些不开心地对着小蚂蚁说："你怎么见到我的第一件事情就是要喝水，一点儿也不想我！"

小蚂蚁听了，连忙解释道："不是的不是的！你误会了，只是我们在冬天来临之前会把大部分水排出体外，减少体内水分含量，以应对寒冷的冬季，所以我们在冬天结束之后会非常非常口渴，第一件事情就是要喝水。"

小麻雀听了，不好意思地挠挠头说："对不起，是我

误会你了!"两个好朋友终于手拉手
出门玩耍去了。

课本联通

蚂蚁队长集合好队伍，向大家宣布："今天搬运粮食，只许出力，不许偷嘴。谁偷嘴就要处罚谁。"

义务教育教科书语文三年级节选

科学进阶

蚂蚁在冬季不会进入冬眠状态，它们虽然不会外出进行大量活动，但在蚁巢中的生存也需要食物。因此蚂蚁在天气较为温暖的时候，就会频繁外出寻找食物并把食物搬运到蚁巢内储存起来。蚂蚁生活的最佳温度是25摄氏度到30摄氏度。蚂蚁不仅仅会寻找食物，还会圈养蚜虫、灰蝶幼虫等昆虫，这些幼虫可以分泌"蜜露"，蚂蚁会喂养这些幼虫，从而让自己的冬季有更多的食物来源。蚂蚁正常活动所需的温度最低在15摄氏度左右，当气温下降到10摄氏度左右，蚂蚁就会逐渐从地面上消失，开始进入蚁巢内生存。进入蚁巢之后，蚂蚁并不会进入冬眠状态，而是会减少活动，降低消耗，从而确保储存的粮食不会很快消耗掉。

灵光乍现

你知道冬眠的动物有哪些？不冬眠的动物又有哪些吗？

小鸡的诞生

　　小鸡琪琪一家和小兔子朵朵一家是很多年的老邻居了，她们都住在快乐森林的咕噜村。朵朵和琪琪经常在树底下一块玩耍。

　　琪琪前两天有事出了远门，而琪琪妈妈为了孵蛋已经趴在窝里好几天了。朵朵心想：已经过了好几天了，琪琪妈妈该饿了。于是，她抓了一把米，来到琪琪家的孵蛋筐前，俯下身子准备去喂琪琪妈妈。只见琪琪妈妈披着一身乌黑发亮的羽毛，嘴巴和脚爪都呈金黄色，脸红得像关公，粗短的脚像柱子一样支撑着她那肥胖的身躯。

　　朵朵这一蹲可把琪琪妈妈吓坏了。她昂起头，伸直脖子，两只眼睛盯着朵朵，叫唤了一声："哎呀，朵朵啊，你可把我吓到了。"

　　朵朵**愧疚**地红着脸说："琪琪妈妈，对不起，我以为

你饿坏了才蹲着不动。我只是想喂你……"

后来朵朵跑回家问妈妈："妈妈，为什么琪琪妈妈在孵蛋时这么奇怪？"朵朵看着正在洗衣服的妈妈。

朵朵妈妈说："傻孩子，琪琪妈妈在孵蛋的时候要非常费心。不管是白天还是黑夜，琪琪妈妈只有**老老实实**地蹲在窝里，才能专心地孵蛋呀！"

朵朵又焦急地问："难道琪琪妈妈不用吃，不用喝？"

朵朵妈妈停下手中的活，认真地对朵朵说："当然要吃喝，不过为了专心孵蛋，琪琪妈妈一般隔几天才会吃喝。除非是上厕所或是蛋破了，否则无论如何她都不会出窝的。"

"她只有上厕所的时候才会离开鸡窝呀。"

"当然了！如果琪琪妈妈要上厕所，她就一定要蹦出窝去。还有，如果有一个鸡蛋被碰破了，她就会把这个蛋叼出窝去。而她所做的这些，都是为了使孵蛋筐保持清洁干燥。"朵朵妈妈耐心地解释着。

朵朵接着问："那要多久才能孵成功呢？"

朵朵妈妈笑着说："鸡妈妈孵蛋需要 21 天左右，冬天因为温度低要多一两天，而夏天温度较高就少一两天。"

朵朵叹道："为了孕育下一代要辛苦 21 天左右，琪琪妈妈真伟大！"

朵朵妈妈温柔地对朵朵说："鸡妈妈在孵蛋的过程中，不但会使腹部的毛脱掉，而且体温也会升高，有时候可能还高得有些烫人。如果体温一直很高，最后就会导致她的身体很消瘦。"

朵朵过去揉了揉妈妈的肩，开心地说："谢谢妈妈教了我这么多知识！无论是琪琪妈妈还是您，做妈妈的都很伟大呀！"

课本联通

"等等，老屋！"一个小小的声音在它门前响起，"再过二十几天，行吗？主人想拿走我的蛋，可是我想孵小鸡。我找不到一个安心孵蛋的地方。"

义务教育教科书语文三年级节选

科学进阶

母鸡孵蛋需要合适的环境、充足的食物与水分、适宜的光照与温度等条件，只有满足了这些条件，才能增加鸡蛋孵化的成功率。母鸡孵小鸡期间不会去找吃的，加上母鸡孵小鸡时，害怕人类，所以一般母鸡开始孵小鸡后，可以一次性给母鸡准备好几天的食物和水分，最好不要经常去看母鸡，避免引起母鸡恐慌。母鸡孵小鸡并不是在所有的季节都可以，一般在春天和夏天天气比较暖和后才可以，因为鸡蛋孵化温度在35~40摄氏度之间。一般来说，母鸡孵蛋需要21天左右，冬天因为温度低要多一两天，而夏天因为温度较高就少一两天。

灵光乍现

除了生蛋孵化的方式，你还知道动物繁育下一代的其他方式吗？

风筝节

　　一年一度的月光森林风筝节就要到来了，小动物们早早地就开始准备了。大家都希望自己的风筝能在众多风筝中**脱颖而出**，拿下月光森林"最美风筝"称号。有的小动物甚至为了夺得称号，很早就开始设计风筝的样式，尝试了多种颜色。

　　小狗黑皮是第一次参加这个节日，而且也是第一次制作风筝。黑皮学着小兔乖乖的燕子样式，用彩纸做了个孔雀的样式，还用上了爷爷教他的剪纸手艺给孔雀的羽毛做了镂空处理。不一会儿，一只**栩栩如生**的孔雀就诞生了。然后黑皮把风筝的骨架粘上胶水后贴在孔雀风筝的背面。最重要的是给风筝上色，上完颜色后的孔雀风筝焕发着光彩。最后只需要把风筝的线绑在骨架上，然后一只风筝就诞生了。

到了风筝节这天，阳光明媚，春风**荡漾**，是个适合放风筝的好天气。整个森林的小动物几乎都来了，大家聚集在草地上。小熊笨笨拿的是一只大雁风筝，小鹿霜霜拿的是一只郁金香风筝，小猴奇奇拿的是一只桃子风筝……每一个小动物都信心十足的样子。

霜霜已经参加过很多次风筝节了，凭借她的经验，她一下子就把风筝放飞到天空中去了。紧接着，笨笨、乖乖、奇奇的风筝也都飞上了天空，只有黑皮的还一动不动。他不知道这是怎么回事，急得快哭了。看着小伙伴们**五颜六色**的风筝在天空穿梭盘旋，显得格外自由，黑皮更沮丧了。

"黑皮，你的风筝怎么还在这里，没有飞到天空上去啊？"山羊大叔见黑皮**垂头丧气**，便走过来问道。

"山羊叔叔，我的风筝不知道怎么回事飞不起来。"

"哎呀，傻黑皮，风筝本身带有一定的重量，因此会逐渐地向地面下落，而风筝之所以能持续地在空中飞行，主要是利用空气的力量作为支撑，然后再向上空缓慢爬升，这种力量被称为扬力。你把风筝镂空这么多，空气怎么推得起来风筝呢？"山羊大叔解释说。

"那怎么办呢？我今天岂不是放不了风筝了？"黑皮耷拉着脸。

"别难过，看我的。"山羊大叔自信地对黑皮说。

只见山羊大叔拿出一张透明的薄膜粘在了风筝上，然后让黑皮拿着风筝奔跑试试。果然风筝很快就飞起来了。

黑皮激动地说："大叔，你好厉害啊，我的镂空孔雀风筝

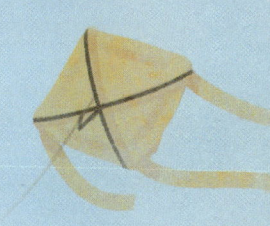

终于飞起来了!"

"哈哈，既然空气都跑了，就把洞都补上呗。要展示镂空的花纹就用透明的膜粘好，很简单的。下次记得这样做啊!"山羊大叔满脸笑容地看着尽情奔跑的黑皮。

"谢谢山羊大叔，我记住啦!"黑皮开心地朝着山羊大叔的方向喊道。

最后，风筝节大会的"最美风筝"的称号颁给了黑皮，因为他的风筝无论是从设计巧思还是色彩审美上都具有超强的个人风格，大家也都心服口服。

胡萝卜先生还在继续走，长胡子被风吹到了身体后面，他完全不知道。

在很远的街口，有一个男孩正在放风筝，线实在太短了，他的风筝只能飞过屋顶。

义务教育教科书语文三年级节选

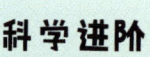 **科学进阶**

风筝在中国已经有两千多年历史，最早的风筝是以木材为主制造的，称为"木鸢"，木鸢还被运用到军事上来传递信息。直至宋代风筝才演变成以纸为主要制作材料，因此风筝又称"纸鸢"。

风筝本身带有一定的重量，因此会逐渐地向地面下落，而风筝之所以能持续地在空中飞行，主要是利用空气的力量作为支撑，然后再向上空缓慢爬升，这种力量被称为扬力。同时，风筝还会受到空气向下压的压力，这种被称为抗力。当扬力大于抗力时，风筝才能在空中飞行。

 **灵光乍现**

你还知道哪些娱乐活动涉及科学原理吗？

生命的意义

　　森林里一群小动物开始议论起谁是陆地上最长寿的鸟儿。

　　"肯定是丹顶鹤啊，人们常把它和松树绘在一起，作为长寿的象征。"

　　"火烈鸟也很厉害啊，我就认识一只快 50 岁的火烈鸟呢！"

　　"火烈鸟才 50 岁，我知道的金刚鹦鹉可是能活到 70 岁呢！"

"金刚鹦鹉是很长寿，可是也算不上第一吧？"

"到底谁才是第一呢？"

小动物们吵了半天，也没有争出个高低来。最后，他们一起去问树爷爷，树爷爷活了几百年，肯定知道。

树爷爷听了他们的话，耐心地回答道："葵花凤头鹦鹉可谓世界上最长寿的一种鸟了，它们的平均寿命可达 80 岁。它们多生活在澳大利亚的一些小岛之上，平时靠吃虫子和水果为生。不过就算它们的寿命长，但它们也是濒危物种了。我也没有见过。"

"呀，原来我们都没有说对，不过，最长寿的鸟我们知道了，那最短命的鸟又是谁呢？"这时，大家听到周围隐隐约约传来一阵哭声，循着哭声，大家看到了一只浑身有着翠绿的羽毛的鸟儿眼睛都哭红了。

　　"你为什么哭啊?"

　　"呜呜,因为我就是最短命的鸟儿……"

　　大家你看着我,我看着你,一时不知道怎么办才好。树爷爷温声细语地安慰说:"别哭,小翠鸟,生命的意义不在于长短。你美丽的外形,矫捷的身手,都是别的小动物羡慕的呢!尽情享受才不算辜负生命。"

　　听完了树爷爷的话,小翠鸟停止了哭泣,顿了顿说:"树爷爷,你说的对,我应该珍惜我拥有的时光,而不是为时间长短而沮丧,让时间在哭泣中溜走。"

　　其他小动物听了,似乎也明白了什么,再也不讨论谁最长寿,谁最短命了。

我正想着，它一下子冲进水里，不见了。可是，没一会儿，它飞起来了，红色的长嘴衔着一条小鱼。它站在船头，一口把小鱼吞了下去。

母亲告诉我，这是一只翠鸟。哦，这只翠鸟搭了我们的船，在捕鱼吃呢。

义务教育教科书语文三年级节选

科学进阶

翠鸟在鸟类中属中小型水鸟。自额至枕蓝黑色，密杂以翠蓝横斑，背部辉翠蓝色，腹部栗棕色，头顶有浅色横斑，嘴和脚均赤红色。因背和面部的羽毛翠蓝发亮，因而通称翠鸟。普通翠鸟为小型鸟类，体长16~17厘米，体重40~45克。翠鸟性格孤僻，平时常独栖在近水边的树枝上或岩石上，伺机猎食，食物以小鱼为主，兼吃甲壳类和多种水生昆虫，也啄食小型蛙类和少量水生植物。翠鸟扎入水中后，仍有极佳的视力，因为它的眼睛入水后能迅速调整因为光线造成的视觉反差。

灵光乍现

除了翠鸟、葵花凤头鹦鹉，你还知道哪些得到保护的濒危物种吗？

两棵杨梅树

　　春姑娘踏着她那轻盈的脚步悄悄地来了，小草也跟着冒出了头，温暖的阳光照耀着万物，沉睡的大地也从梦中苏醒，伸了伸懒腰。小熊一家走出了家门来到院子里晒起了太阳，小熊躺在爸爸妈妈的怀里听着妈妈给自己讲的故事，**惬意**极了。

　　过了一会儿，熊爸爸不知道从哪里拿来两棵树苗，开始在院子里挖坑种了起来。小熊有点纳闷，问："爸爸，你这是种的什么树呀？"

熊爸爸说："杨梅树呀，等到夏天到来的时候，我们就能吃上酸甜可口的杨梅啦！"

小熊有些困惑地问："爸爸，我们种一棵也完全够了呀，为什么要种两棵呢？"

熊爸爸大笑起来："孩子，这两棵杨梅树是不一样的，而且啊，缺一不可！过两个月你就知道了。"

很快，两个月就过去了。这天，小熊在院子里散步的时候，惊奇地发现，有一棵杨梅树已经开花了，它的花瓣是圆圆的，里面的花蕊有五六个。而另外一棵还没有开，小熊赶紧跑到房间问熊爸爸。"爸爸，有一棵杨梅树没开花，是不是快死了？"小熊担忧地喊道。

"别着急，我来看看。"熊爸爸走到院子看了看杨梅树又说，"傻孩子，这不是挺健康的吗？"

"可是，一棵开了，另一棵没开呀？"小熊迷茫了。

"孩子，杨梅树也是分男女的。你来看看，这个开花的呀是雄树，你看它的花的里面是不是暗红色的？过一阵子，另一棵雌树也会开的。不过，它的花心里面是鲜红色的。"小熊似懂非懂地点点头。

熊爸爸又解释道："杨梅树跟一般的果树不同，属于雌雄异株的植物，因此要想收获果实，起码要种上一对。雌雄异株的意思就是指雌花和雄花生长在不同的个体上。花粉必须从雄株传到雌株，雌株才能成功结果。"

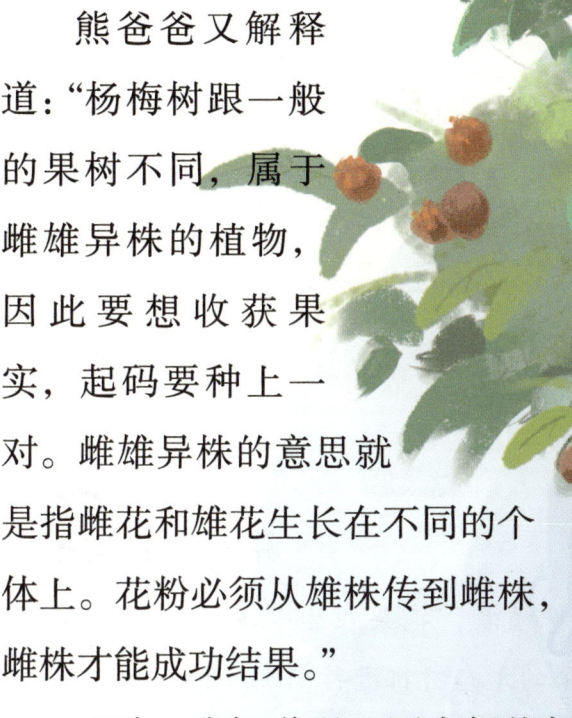

"哦，我知道了，原来杨梅树种一棵根本结不出果实呀！"小熊拍了拍自己的脑袋，恍然大悟地说着。

等到夏天到来的时候，小熊家的杨梅树上挂满了鲜艳欲滴的又圆又大的杨梅，周围的邻居都羡慕极了。杨梅彻底成熟的时候，小熊爸爸爬上树摘了好多好多杨梅，送给邻居们品尝。

课本联通

端午节过后，杨梅树上挂满了杨梅。

杨梅圆圆的，和桂圆一样大小，遍身生着小刺。等杨梅渐渐长熟，刺也渐渐软了，平了。摘一个放进嘴里，舌尖触到杨梅那平滑的刺，是那样细腻而柔软。

义务教育教科书语文三年级节选

科学进阶

杨梅树是雌雄异株植物，花朵在生长期间不容易分清，开花后可根据花朵的形态特征进行识别。杨梅树需要雌雄两株进行授粉，才能使果树长出果实。杨梅树的雄花和雌花开放的时间不同，雄花开得比较早，后期需要人工授粉，才能使果树产果。雄花多为圆柱形，花序呈穗状，花瓣为卵圆形。花瓣边缘光滑，雄蕊有4~6个，花药为长圆形，颜色为暗红色。雌花单生，花序比雄花的花序短。雌花的子房为卵形，花柱的柱头较为细长，一般为鲜红色。杨梅的花期在4月份左右，果期在6~7月之间。

灵光乍现

还有哪些雌雄同株的植物呢？它们的花期和果期是什么时候？

和青山赛跑

　　星期天的下午，爸爸妈妈带着小杰来到郊外的湖边游玩，他们一起坐上了观光的轮船。湖面吹来的风夹杂着丝丝水汽，令人感到扑面而来的凉爽。

　　小杰站在甲板上看着往后奔腾而去的水花，以及两岸飞速闪过的青山，疑惑地问："爸爸，青山明明不会动，我们也没有动，为什么我们像是在和青山赛跑呢？"

　　"因为轮船在动呀，这个呀，叫作相对运动。我们相对船来说没有动，是因为我们站在船上，但相对于青山来说，我们就是和船一体的，一起在往前移动。"爸爸解释说。

"那为什么青山好像也在动呢?"小杰好奇地说。

"刚刚说过我们和船是一体的,所以船在我们眼里像是一动不动,而青山一直在往后跑,但实际上是船在

往前行进造成的。"爸爸回答说。

"噢——原来是这样,我懂了。"小杰心满意足地回到了座位上。

过了一会儿,一只苍蝇在小杰耳边"嗡嗡"地飞来飞去。小杰又困惑了:"爸爸,你刚刚说,因为船在行进,所以青山会往后跑,可是你看这只苍蝇也没有往后跑啊?它一直在这里绕来绕去的。而且它相对船来说也不是不动的呀。"

"这还是由于轮船前进带来的,"爸爸对小杰微微一

笑继续说，"苍蝇在轮船里的空气中飞行，而空气被轮船带着一同前进，我们也被轮船带着前进，我们也可以在轮船上走来走去呀！"

"总之，就是轮船带给我们的便利了，让我们不用走一步路也可以往前行进，火车、飞机、高铁也是一样的道理吧！"小杰高兴地说着。

爸爸欣慰地看着小杰："是呀，小杰真棒，还会举一反三了。"虽然小杰并没有完全弄懂里面的原理，但是却能留心发现问题，真是很不错了，小杰爸爸在心里开心地想着。

望天门山

[唐]李 白

天门中断楚江开，碧水东流至此回。

两岸青山相对出，孤帆一片日边来。

义务教育教科书语文三年级节选

 科学进阶

相对运动是指某一物体对另一物体而言的相对位置的连续变动，即此物体相对于固定在第二物体上的参考系的运动，简称为运动。牛顿运动定律只适用于惯性参考系。宇宙中没有不动的物体，一切物体都在不停地运动。运动是绝对的，静止是相对的。

判断相对运动必须先确定参照物。选择参照物的两个原则是：任意与方便。任意是指除研究对象之外的任何其他物体都可以被选为参照物，如：地面、房屋等。方便是指参照物应使我们容易描述或研究物体的运动状态，使物体的运动状态简单、清楚，如：在行驶的车厢内研究物体运动，以车厢为参照物就比较方便。

 灵光乍现

结合生活实际，想一想：有哪些事物是相对静止和相对运动的？

蓝色守护者

一天，海洋里开起了"蓝色守护者"表彰大会，来参加的生物有很多，如海藻、珊瑚、小黄鱼、小虾、海马等。海藻是海洋一直以来最忠诚的卫士，他们可以通过吸收二氧化碳、光能，来制造氧气，以此净化海洋环境，帮助调节海洋生态系统循环。他**心高气傲**，当见到珊瑚时，他心想，这花瓶来干什么，真是不知道自己几斤几两，因此，他觉得这次自己**势在必得**。

"下面有请珊瑚上台领奖！"大会主持人鲸鱼爷爷宣布。"漂亮、五光十色是我们对珊瑚的固有印象，但是今天珊瑚能得这个奖是因为她为海洋作出的贡献。一直以来，珊瑚对很多海洋生物都非常友好，默默地养育着各种细菌、海绵、水草、甲壳动

物等，将近有 30% 的海洋鱼类都是在珊瑚的怀抱里成长的。"

"是啊，"海洋学家水母阿姨补充说，"珊瑚族类能从海水里吸收钙元素和碳酸根离子，合成碳酸钙生成'骨骼'，死后'骨骼'就化为礁石，能保护我们的海岸线不被风暴潮、海啸侵蚀呢！过去，我们没有好好重视，导致越来越多的珊瑚礁在消失，一旦珊瑚白化，意味着她时刻面临死亡，我们的海洋也会失去屏障。她们可是'海洋中的热带雨林'，我们怎么能忽视她们呢？"

海藻越听越觉得自己太无知了，珊瑚用自己的力量保护着海洋里的生物，保护着海洋，自己怎么能瞧不起她呢？于是，他走到珊瑚面前，给珊瑚道歉说："对不起啊，是我太不懂事了……"

珊瑚抱了抱海藻说："没事，我们也只是想为大家共同生存的海洋贡献出一点自己的力量，虽然这力量对于浩瀚的海洋来说，有可能是微小的，但是我相信，如果海洋里的每一位居民都能加入保护海洋的队伍中来，海洋就会一直维持这样美丽的状态！"

的确，我们只有从自己开始，重视、保护共同的家园，才能令我们的家园欣欣向荣。

海底的岩石上生长着各种各样的珊瑚，有的像绽开的花朵，有的像分枝的鹿角。

义务教育教科书语文三年级节选

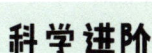 **科学进阶**

珊瑚是一种软体动物，属于刺胞动物门，与水母、海葵等有亲缘关系。珊瑚的身体由一个或多个称为珊瑚虫的个体组成，每个珊瑚虫都有一个口和一圈触手，可以捕食浮游生物。珊瑚虫通常会分泌钙质或有机质的外壳，用来保护自己和支撑身体，这种钙质物质经过累积形成珊瑚礁。

珊瑚礁是海洋中最丰富多样的生物群落之一，它们提供了适合无数种海洋生物居住、觅食、交配、产卵等活动的空间和资源。据估计，约有四分之一的海洋鱼类依赖于珊瑚礁，而珊瑚礁也是许多濒危物种的栖息地，如海龟、海牛、鲸鲨等。珊瑚礁的生物多样性不仅对于维持海洋生态平衡和进化有着重要作用，也为人类提供了丰富的食物、药物和其他资源。

 **灵光乍现**

你还知道哪些对海洋有保护作用的动植物吗？

奇幻漂流记

小兔子青青从小就非常喜欢阅读，从书里她知道了在森林外，遥远的地方，有海洋，有岛屿，还有各种奇奇怪怪的不曾见过的小动物。青青对森林外面充满了向往，可是，她太小了，妈妈暂时还不许她出远门。

又过了几年，青青长大了，她懂得了更多知识，也对书中的世界越来越好奇。这天，乌龟爷爷知道了青青

的心愿，决定帮助青青实现愿望。

　　乌龟爷爷对青青妈妈说："青青妈妈，青青现在长大了，已经学会了越来越多的知识，是时候去外面的世界看一看了。"

　　"可是，我不放心她出远门呀。"青青妈妈担心地说。

　　"我的老朋友老海龟会照顾好她的，你放心！"乌龟爷爷说。

　　就这样，乌龟爷爷一路把青青护送到了老海龟的家里。老海龟的家就住在一片湛蓝湛蓝的大海边上，青青一到那里就被震撼到了。

　　"哇，大海好漂亮啊，都看不到边。"

　　乌龟爷爷笑着说："这只是开始呢，还会有更多惊喜哟！青青，努力去探索吧！"

说着，老海龟就对青青说："孩子，你放心好了，爷爷一定带你好好认识大海，认识这里的一切。"

　　第二天一早，海龟爷爷就驮着青青在大海里慢慢地游着。这是青青第一次离海这么近，她感觉到格外兴奋，对周围的一切都充满好奇。蔚蓝的大海一望无际，

海面吹来阵阵海风，一只只海鸥飞过，它们时而高飞，时而掠过水面，看得青青**目瞪口呆**，连连惊叫道："哇，好厉害啊！"青青虽然已经在书里见过大海和海鸥了，可是哪里能比得上亲眼见到海鸥在海面上变换各种姿势飞行呢！

"哈哈，是的，海鸥是我们的好伙伴，也是优秀的'预报员'，大海上的居民都会依据它们的飞行状态来判断暴风雨是否会来临呢！"海龟爷爷用称赞的语气说着。

"我在书里看见过呢！书中写海鸥是'海上预报员'，没想到是真的！"青青惊奇地说着。

突然，海龟爷爷越游越慢，停在了一块陆地面前，青青奇怪地问："海龟爷爷，这里怎么会有一块陆地啊？我们不是在海洋里面吗？"

海龟爷爷笑了笑："这就是岛呀，不过你说是陆地也是对的，因为它曾经是和陆地连在一起的。"

　　"啊——我想起来了，我想起来了，我在书里读到过，这是大陆岛，对不对？"青青激动地喊了起来。

　　海龟爷爷微笑着说："哈哈，看来青青读了不少书呢！"

　　"还有三种类型的岛，分别是火山岛、冲积岛和珊瑚岛，我们今天都能见到吗？"青青满怀期待地看着海龟爷爷。

　　"火山岛和珊瑚岛就在离我们不远的地方，不过我们这片海域没有冲积岛，冲积岛一般位于大河的入海口或平原海岸的外侧。你回去以后可以叫乌龟爷爷带你去看。"听了这话，青青点了点头。

　　海龟爷爷又带着青青游啊游，他们在路上还遇到了鲸鱼阿姨，鲸鱼阿姨第一次见到小兔子，热情地跃出了海面向青青打招呼："你好呀，小兔子！"

　　"鲸鱼阿姨好，我叫青青，阿姨您长得真漂亮啊，皮肤滑溜溜的呢！"青青惊讶地回答。

"哈哈哈哈，青青小嘴真甜。"海龟爷爷和鲸鱼阿姨聊了一会儿，就继续带着青青去火山岛了。

不一会儿，青青和海龟爷爷就到了火山岛，青青一下子就被眼前的景观惊得呆住了。天呐！岛屿上密集排列的许许多多的石柱，就像是凝固的瀑布一样。"这是由于火山独特的内部结构，导致其在外观上显得非常峻拔奇伟。"海龟爷爷解释，"我们再去看看珊瑚岛吧，比这个还好看呢！"说着，海龟爷爷就载着青青继续向前游去。

不知不觉，他们来到了一片满目皆是白色的地方。青青从爷爷的背上下来，踩在这一片白茫茫的陆地上。

"哇，珊瑚岛的沙子好舒服啊，像踩在棉花上一样软软的。"爷爷跟在青青后面，也踩得很欢。

"是啊，爷爷可喜欢这个小岛了，这些沙子比一般的海滩上的沙子还要细，小岛周围的生物也格外多。"

　　"为什么珊瑚岛这么特别呢?"青青问。

　　"这是因为珊瑚礁给很多的海洋生物提供了家园。将近有30%的海洋鱼类都是在珊瑚的怀抱里成长的。珊瑚礁是钙化物堆积而成的，形成岛屿后经过风化就变成了特别细软的沙子。"

　　"原来是这样，看来我回去以后还要看更多的书，也要将学到的知识运用到生活中，了解世界更多的秘密。"青青暗下决心。

　　时间过得非常快，青青的海上奇幻漂流就这样结束了，这次奇幻漂流令她受益匪浅。

课本联通

西沙群岛位于南海的西北部，是我国海南省三沙市的一部分。那里风景优美，物产丰富，是个可爱的地方。

义务教育教科书语文三年级节选

科学进阶

地球上的岛屿主要分为四类：大陆岛、火山岛、冲积岛和珊瑚岛。大陆岛的形成是因为在地壳运动过程当中，一部分大陆和原来的大陆被分隔开了。火山岛是海底火山露出水面的部分。著名的夏威夷岛就是由一次海底火山喷发形成的。珊瑚岛只存在于热带、亚热带海域。珊瑚虫在海底丘地或海底山脉山脊上大量营巢生活，同时各类壳体动物也寄居于此，从而构成庞大的石灰质巢体。在不断地繁殖和死亡后，残骸逐渐堆积形成岛屿。我国的西沙群岛、南沙群岛中就有许多珊瑚岛。冲积岛位于大河的入海口或平原海岸的外侧，在河流或海流作用下，泥沙逐渐堆积形成岛屿。我国最大的冲积岛是崇明岛。

灵光乍现

你去过或者想去哪些岛屿？你知道它们是哪一种类型的岛屿吗？有什么令你印象深刻或憧憬的景观吗？

石头鱼

　　今年夏天学校组织了海洋馆研学旅行，小花猪土土早就对神秘而又深不可测的大海和各式各样的海洋生物充满了各种好奇和想象，所以他第一个就报了名。

土土和同学们在企鹅姐姐的带领下开启了海洋馆之旅，见到了书本里写到的黑鳍鲨、弹涂鱼、多宝鱼等等，惊呼声**此起彼伏**，走着走着他们就只看见一片浑浊的水域和几个石头，其他什么也没有。

　　土土**疑惑不解**，问企鹅姐姐："企鹅姐姐，这里怎么什么动物都没有啊？"

　　"真的什么都没有吗？土土，你再仔细看看。"企鹅姐姐露出神秘的微笑反问道。

　　土土摸不着头脑，急切地说："没有啊，我什么也没看到。"

　　"哈哈哈，"企鹅姐姐笑出了声，"好了，好了，不逗你玩了，你看这里。"企鹅姐姐指着那几块石头。

土土走近再看了看，惊讶地说："天呐，同学们，你们看，这不是石头，这是鱼！"瞬间又引起一片惊呼声。

"这些鱼为什么长得和石头一样？"有同学问。

企鹅姐姐面露微笑，给同学们介绍了起来："这个叫石头鱼，又称老虎鱼，属于毒鲉鱼族。别看它长得这么丑，又像一块石头，这都是为了保护自己呢。"

听到企鹅姐姐的解释，大家又仔仔细细看了看这几条奇丑无比的鱼，发现它们的背上还有非常锋利的刺。

这时，企鹅姐姐补充道："除了伪装成石头，它保护自己的方法还有一种，就是它背上的刺。这些刺具有致命的剧毒。它常常用守株待兔的办法等待食物的到来。"

"哇，好吓人，还有剧毒。"

"哈哈哈，"企鹅姐姐又笑了，"其实，也没有大家想象的那么恐怖啦！石头鱼还是很好吃的，只要好好处理背上的毒刺，就可以成为餐桌上的美食呢！"顿时，同学们脸上紧绷的表情松弛了不少。

"原来还能吃呀。"土土笑着说，"真是神奇的海洋世界。回家以后，我要把我见到的各种海洋生物都记录下来。"

课本联通

鱼成群结队地在珊瑚丛中穿来穿去，好看极了。有的全身布满彩色的条纹；有的头上长着一簇红缨；有的周身像插着好些扇子，游动的时候飘飘摇摇；有的眼睛圆溜溜的，身上长满刺，鼓起气来像皮球一样圆。各种各样的鱼多得数不清。正像人们说的那样，西沙群岛的海里一半是水，一半是鱼。

义务教育教科书语文三年级节选

科学进阶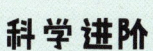

石头鱼属毒鲉鱼族，形状恐怖，活像一块石头，蛰伏在海底石堆中，不易被发觉。石头鱼光滑无鳞，嘴形弯若新月，鱼脊灰石色，有石头般的斑纹。身长只有30厘米左右，身体厚圆而且有很多瘤状突起，好像蟾蜍的皮肤。体色随环境不同而复杂多变，像变色龙一样通过伪装来蒙蔽敌人，从而得以生存。通常以土黄色和橘黄色为主。它的眼睛很特别，长在背部而且特别小。石头鱼分布很广，在任何海域都有，但以热带及咸淡水交界处为多。

灵光乍现

你还知道哪些奇怪的海洋生物吗？它们的主要特征是什么？

海洋预报员

　　小海龟多拉非常喜欢和爸爸一起出海钓鱼。有一次，海上起风，一个大浪把多拉卷到海里，但她不仅没有被海水淹到，还抓到了一条奇妙的小鱼。从此，海龟爸爸每次出海钓鱼，多拉都要跟着一起去。多拉喜欢和爸爸一起航行到大海深处去钓鱼，四面八方都是一片寂静的大海，时不时有海鸥飞过，夕阳洒在海平面上，金灿灿的，美丽极了。

　　这天，多拉和爸爸照常来到海上钓鱼，多拉站在宽

阔的甲板上看着爸爸正在放鱼线，和爸爸说着："爸爸，今天的天气真好，我们肯定能满载而归，让妈妈给我们做一顿海鲜大餐。"

　　爸爸笑着说："别想得太早，今天的天气还不知道怎么样呢！"

"爸爸，今天天气这么好，你怎么会说不知道怎么样呢？"多拉睁着两只大大的眼睛，疑惑地看着爸爸。

"海上的天气是变化很快的。你看，那边的海鸥一直在海边徘徊，这说明要变天了，平时海鸥都是贴着海面飞行的。"多拉爸爸解释。

"为什么海鸥的飞行状态能预示天气啊？"多拉问。

"因为海鸥的体内有个'气压表'呀！"多拉爸爸笑着说。

"哇，海鸥好神奇啊！"多拉高兴地朝着海鸥们挥了挥手。

"快收拾东西吧，我们跟着海鸥的方向回家就不会迷路了，再晚就来不及了。"多拉爸爸催促道。

多拉心想，今天的海鲜大餐泡汤了，但是多拉一点也不觉得难过，因为她从爸爸那里学会了秘密武器，以后出海钓鱼跟着"预报员"和"导航员"——海鸥准不会错。

西沙群岛也是鸟的天下。岛上有一片片茂密的树林，树林里栖息着各种海鸟。遍地都是鸟蛋。树下堆积着一层厚厚的鸟粪，这是非常宝贵的肥料。

义务教育教科书语文三年级节选

科学进阶

海鸥除以鱼虾、蟹、贝为食外，还爱拣食船上人们抛弃的残羹剩饭，故海鸥又有"海港清洁工"的绰号。海鸥还有"海上预报员"的称号。如果海鸥贴近海面飞行，那么未来的天气将是晴好的；如果它们沿着海边徘徊，那么天气将会逐渐变坏。如果海鸥离开水面，高高飞翔，成群结队地从大海远处飞向海边，或者成群的海鸥聚集在沙滩上或岩石缝里，则预示着暴风雨即将来临。海鸥之所以能预见暴风雨，是因为它的骨骼是空心管状的，没有骨髓而充满空气。这不仅便于飞行，又很像气压表，能及时地预知天气变化。其翅膀上的空心羽管，也像小型气压表，能灵敏地感觉气压的变化。

灵光乍现

你还知道哪些在海洋上有特殊作用的鸟儿吗？它们的作用是什么？

胖小猪摘橄榄

　　八月的一天早晨，
胖小猪在林子里散步，
路上遇到小刺猬拿着果子啃得
津津有味。胖小猪看得直流口水，忍不住问："小刺
猬，你在吃什么？看起来好好吃啊！"

　　"这是橄榄果，我妈妈给我腌制成**酸甜可口**的蜜饯
果子了。"小刺猬自豪地说。

　　"那你能给我尝尝吗？"胖小猪眼睛直勾勾地盯着小
刺猬手中的果子。

"可以啊，我给你一个吧，我也只有两个了。"小刺猬**毫不犹豫**就答应了胖小猪的请求。

　　胖小猪简直太馋了，果子拿到手都没有细细品尝就**狼吞虎咽**吃了下去。

　　不过橄榄果的那种清甜的味道还在他的嘴里散发着，久久都没有散去。

　　过了好几天，胖小猪就像是着了魔一样，对小刺猬给他的橄榄果**念念不忘**。于是，他就踏上了寻找橄榄的路，他只记得那橄榄的形状是椭圆的，颜色应该是青色。

他在森林里仔细地找了好一圈，累得不得了，只好找个地方坐着休息。突然，他回头看到自己背后竟然有一棵橄榄树。这棵橄榄树大概有几米高，树上结满了果实，有的是黄绿色，有的是紫红色，有的是紫黑色。胖小猪心想，这个黄绿色的一定是还不够成熟，我多摘些紫红色和紫黑色的，这么多一定能做好多蜜饯了。胖小猪越想越馋，手里的果实也越摘越多。

回到家里，胖小猪和猪妈妈说了橄榄果的事，并央求猪妈妈给自己做小刺猬妈妈做的那种橄榄蜜饯。当胖小猪把自己摘的一箩筐"橄榄"递给妈妈看时，猪妈妈竟然大笑了起来。小猪**不明所以**，问："妈妈，你笑什么？你不想给我做橄榄蜜饯吗？"

"哎呀，我的傻儿子啊，这种橄榄不是小刺猬的那种橄榄。"猪妈妈看着胖小猪回答说。

"什么这种那种橄榄的，那不就是橄榄吗？"胖小猪一脸**不知所措**地看着猪妈妈。

"你摘的这种是油橄榄果，小刺猬的那种是青橄榄树的果实，这两种果子都不是一个季节成熟的，也难怪你摘错了。"猪妈妈解释道。

"什么？意思就是我摘的果子不能做成蜜饯了吗？"胖小猪急道，心情一下子就跌入了谷底。

105

"是的。但这种油
橄榄果也是非常有用
的，能够榨成橄榄油。
橄榄油被人们誉为'液体黄金'，吃
了对身体好。"猪妈妈耐心安慰胖小猪。

"呜呜，可是我不要橄榄油，我就想吃那个酸酸甜
甜的蜜饯果子。"胖小猪哭了起来。

"好了好了，你别着急，现在是八月份，再等两个
月我们就能吃到了，到时候妈妈给你做很多很多蜜饯橄
榄。"猪妈妈安慰失落的胖小猪。

"那这些油橄榄怎么办呢?"胖小猪问道。

"这些可以叫猪爸爸带到集市上找机器
帮忙榨成橄榄油，以后咱们家炒菜都用
这个油，你的辛苦也没有白费呢!"猪
妈妈笑着说。

课本联通

　　小城里每一个庭院都栽了很多树。有桉树、椰子树、橄榄树、凤凰树，还有别的许多亚热带树木。初夏，桉树叶子散发出来的香味，飘得满街满院都是。凤凰树开了花，开得那么热闹，小城好像笼罩在一片片红云中。

义务教育教科书语文三年级节选

科学进阶

　　油橄榄即木樨榄，是木樨科木樨榄属的油料作物。主要分布在我国长江流域以南地区。油橄榄作为常绿小乔木，高可达 10 米；喜光树种，适应能力极强；花期 4~5 月，果期 6~9 月。四季常青，树叶表面暗绿色，叶背灰白色。果实榨成的橄榄油被誉为"液体黄金"。

　　青橄榄树是橄榄科橄榄属的常绿乔木，是我国南方的经济果树，其成熟干燥的果实为青果，有清热利咽、生津解毒的功效，用于治疗咽喉肿痛、咳嗽、烦渴等，其产量巨大，营养价值很高。

灵光乍现

　　你还知道哪些易被人们弄混淆的植物吗？如何区别它们呢？

来自东北的小王子

　　在一片**广袤无边**的森林里，长着各种各样的树木，许多小动物生活在这里。阳光洒在针尖般的树叶上，大地吐露着泥土的芬芳，蚯蚓从一头钻到另一头，所有的美好仿佛就此展开。

　　这天，大家都围在一棵树的旁边，表情十分沮丧。小松鼠不理解，走近一看，这不是那棵傲娇的红松吗？小松鼠对红松的印象一点也不

好，因为之前想在红松树干处安家被红松严厉地拒绝了。拒绝就拒绝嘛，还非说自己也可以说是国家二级重点保护植物，不能有任何一丁点损坏，小松鼠闷闷不乐地回忆起之前和红松的对话。

但是，小松鼠看到大家忧心忡忡，便问："大家为什么都这么难过啊？发生了什么？"

蝴蝶回答说："红松要走了，大家都在和他告别。"

"要走了，去哪里啊？他不是重点保护植物吗？"小松鼠又问。

"二级重点保护的那个是天然红松，我们这里的人工种植的红松常被送去当修铁路的枕木用材，因为非常结实，最适合了，"蚂蚁们叹了一口气说，"虽然大家都很舍不得红松，可是别的地方需要他，他也很乐意贡献出自己。"

小松鼠听了这话，想起自己之前对红松的误会，惭愧地低着头，不敢看红松。突然，红松说话了："大家别难过了，我们红松一族，从出生就知道我们的使命了。虽然我们很挑剔，只生长在东北地区，长得也慢，几十年可能都长不了多高，但是从小妈妈就跟我们说，一定要保护好自己，让自己成长为最茁壮的树，才能发挥出自己的能力，"红松满脸自豪地继续说，"现在就到了我

展现自己的时候啦，大家应该为我高兴！"

"我支持你！我不难过。不过，我也对不起你，之前还埋怨你不让我安家呢！"小松鼠带着满脸坚定的表情看着红松说。

"你们红松一族不仅为铁路事业作贡献，还成为造纸、油漆、肥皂、橡胶及医药的工业原料，**不遗余力**地献出自己，这是值得骄傲的，我们也为你们感到自豪。"蚂蚁们佩服地说道。

"是啊，你们才不是东北的傲娇小王子，你们是东北地区值得骄傲的小王子呀！"蝴蝶扑着翅膀，欢快地围着红松边转圈圈边说。

最后，大家手拉手，围绕在红松旁唱起了歌：森林是一家，我们不分离。手拉手，心连心，亲爱的小伙伴，今天你要远行。我们聚在这里，为你欢快地送行！

课本联通

我国东北的小兴安岭，有数不清的红松、白桦、栎树……几百里连成一片，就像绿色的海洋。

义务教育教科书语文三年级节选

科学进阶

红松，又称果松或海松，是国家二级重点保护植物，主要分布在我国东北地区、俄罗斯远东地区和朝鲜北部，其中中国占60%。红松高大挺拔、树形俊美、五针一束、四季常青。树高可达40米，胸径常在1米以上，寿命可达500年。

红松全身是宝，可用作造纸、油漆、肥皂、橡胶及医药行业的工业原料，包括营养价值极高的干果松子等都源于它。黑龙江省的伊春市是红松的故乡。

灵光乍现

你还知道哪些国家重点保护的动植物吗？重点保护它们的原因是什么呢？

鸟儿的歌喉

　　小青蛙风风从小就爱唱歌，可是每年的森林歌唱大赛他都会被淘汰，甚至有的小伙伴还笑话他唱得难听，只知道"呱呱呱"。这让风风非常自卑，把自己关在家里，都不愿意出来玩了。

　　风风的好朋友小刺猬强强听说了风风因为唱歌难听不肯出门了，就来风风家，安慰他说："你为什么不去问问黄鹂姐姐怎么唱歌的呢？说不定她会教你

如何唱出动听的歌来。"

　　风风想了想，说："对啊，黄鹂姐姐是公认的歌唱家，其他动物都**望尘莫及**，她肯定知道怎么样唱出动听的歌声。"

　　于是，强强就带着风风来到黄鹂姐姐家。黄鹂姐姐听说了风风的故事，摸着他的头说："傻小子，唱歌不好听也没有关系啊，何况我们鸟类唱歌好听也只是占据了先天优势罢了，我们发出声音的器官除了有上喉头以外，还有鸣囊和下喉头。"

　　风风低着头说："那我也有鸣囊，可是我发出的声音就很难听。"

　　黄鹂姐姐温柔地说："其实，我们之所以能唱出动听的歌声，主要是靠下喉头。下喉头位于气管和支气管的分叉处，里面有振动器，我们利用自己身体的运动和专门的肌肉收缩来改变这种复杂发声器官的形状，就能发出几百种

不同的声音了。"

"真羡慕啊，我也想变成歌唱家。"凤凤满脸忧伤地感慨道。

黄鹂姐姐**义正词严**地对凤凤和强强说："我还羡慕你们呢，你们一个是田野的卫士，一个是森林的守护者，捉害虫的技能都比我强。而我一直忙着唱歌，捉害虫的本领都退化了。"

"对啊，凤凤，你的捉害虫的本领可比我强多了，我也羡慕你。"强强连忙说。

"是啊，凤凤，你的能力在捉害虫上面，不要为自己唱歌的事而难过了。每一种生物都有自己独特的优势，接纳自己，发挥出自己的优势，生命才会更有意义。"黄鹂姐姐又补充说。凤凤也不再**忧心忡忡**了，满脸释然地点了点头。

万事万物各有其特点，如果只看某一面，而忽视其他方面，就没有办法正确地认识自己，发挥自己的优势。凤凤和强强都从黄鹂姐姐的话中学会了这个道理。

 **课本联通**

　　动物是大自然的歌手。走在公园里，听听树上叽叽喳喳的鸟叫；坐在一棵树下，听听唧哩哩唧哩哩的虫鸣；在水塘边散步，听听青蛙的歌唱。你知道他们唱的是什么吗？他们的歌声好像告诉我们："我在歌唱，我很快乐！"

义务教育教科书语文三年级节选

 **科学进阶**

　　鸟儿歌声动听与它们独特的发声器官分不开。鸟儿除了有上喉头外，还具有下喉头和鸣囊。而它们那婉转动听的歌声主要源于其独特的下喉头。下喉头位于气管和支气管的分叉处。鸟儿不仅具有哺乳动物都有的上喉头处的一个振动器，在下喉头里还有一对乃至两对振动器。此外，与下喉头毗邻的气管末端和两根支气管的始端均呈膨大状，这就大大增加了这三根管腔的容量，形成鸣囊。歌唱时，鸟儿利用身体运动和肌肉收缩来改变这种发声器官的形状，从而能发出几百种细微有别的音色。

 **灵光乍现**

　　除了鸟儿的喉头、青蛙的鸣囊，你还知道其他动物有着与众不同的发声器官吗？

雏鹰告状

在森林里，有着**成百上千**种动物，在日常相处中，难免会闹出一些不愉快。狮子法官每天跑来跑去为他们解决各种各样的冲突，简直是忙得脱不开身。

这天，小鹿律师刚找到狮子法官，屁股还没坐热，就看见小雏鹰急急忙忙地跑来告状，他要告他的妈妈老鹰。

狮子法官和小鹿律师一听都瞪大眼睛，张大嘴巴，惊呆了，"什么，你要告自己的妈妈？"

"是的，我要告她，呜呜——"小雏鹰**可怜兮兮**地哭了起来，"我要告她对我不好，不仅把我们的家建在悬崖上，还在底下铺满了荆棘和尖锐的石头，都把我刚长出来的翅膀扎出血了。"

"怎么会有这样的事？"狮子法官头一回听说这种事，惊讶地说，"老鹰妈妈怎么会这样对小鹰呢？父母爱孩子还来不及呢，荆棘和石头一定是你妈妈不小心放的。"

"呜呜——不是的，她就是故意的，就是对我不好！"小雏鹰坚定地说，他哭得更凶了，委屈的泪水就如同决了堤的洪水再也止不住了。

"这事我听说了，之前也有小雏鹰私下找我说过。我也不知道其中的原因，但我观察了老鹰一阵，发现他们都是这样做的，我想老鹰妈妈一定有自己的理由。"小鹿律师在一旁说。

"什么？你竟然知道，还不告诉我，这究竟是怎么回事？"狮子法官生

气地说。他没办法坐着了，在他的管辖范围内出现这样的事情，而自己竟然被蒙在鼓里。

小鹿律师不紧不慢地说："狮子法官，你先别着急，小雏鹰说的是事实，但是这个事情我们必须要调查清楚来龙去脉才行，不可以轻易地将老鹰妈妈定罪。当然，如果老鹰妈妈确实犯下了虐待小雏鹰的罪行，您到时再将她捉拿归案不迟。"

"你先在这里待着，我和狮子法官去你家调查一下具体是什么情况。"小鹿律师转头对小雏鹰说，然后和狮子法官出门去了。

他们来到小雏鹰的家，询问老鹰妈妈是怎么回事。老鹰妈妈知道了小雏鹰告状的事，声泪俱下。这下狮子法官和小鹿律师彻底不知所措了，只能先安慰老鹰妈

妈："老鹰妈妈，你先别哭，你把这件事情从头到尾慢慢说清楚。"

老鹰妈妈哭了一会儿，冷静下来说："其实，把家建在悬崖上是我们种族的一种保护策略，这样我们的天敌就很难抓走我们的小雏鹰，我所做的这一切都是为了他们好啊。"

"原来是这样，那小雏鹰说你把你们的巢底下铺满荆棘和石头又是怎么回事呢？这样做也太危险了，何况他们还那么小。"狮子法官询问道。

"唉，我费尽心力地搅动窝巢，让窝巢露出尖锐的小石子和荆棘，又无情地加以驱逐、挥赶小鹰，只是为了让他忍痛振起双翅，离巢而飞啊。只有他独立起来我才能放心，不然会被天敌追杀的。"老鹰妈妈默默掉下了眼泪。

　　"我们知道了，你也是费了一番苦心，只愿小雏鹰茁壮成长啊！"狮子法官说。

　　小鹿律师也说："你放心，我们会好好和小雏鹰解释清楚，毕竟他也要学着长大了。"

　　最后，在狮子法官和小鹿律师的耐心解释下，小雏鹰也明白了老鹰妈妈的一番苦心，他决心更加努力地锻炼自己的飞行技能，让自己变得更加强大，不让妈妈担心。

课本联通

小麻雀叽叽喳喳、蹦蹦跳跳的，叫人愉悦。老鹰在高空盘旋，展翅滑翔，突然猛扑而下，给人以雄健勇猛的感觉。蚂蚁搬家，井然有序，当两军对垒时，那勇敢忠贞的精神，真叫人敬佩。

义务教育教科书语文三年级节选

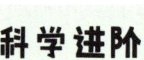

科学进阶

鹰是肉食性动物，会捕捉老鼠、蛇、野兔或小鸟等小型动物。大型的鹰科鸟类（雕）可以捕捉山羊、绵羊和小鹿。鹰多数在白天活动，即使它在千米以上的高空翱翔，也能把地面上的猎物看得一清二楚，是鼎鼎有名的"千里眼"。鹰的脚有非常强的抓握力，上面又有强而有力的爪子，便于捕捉动物和撕破动物的皮肉。它的喙大，胃肠发达，消化能力强，吃下去的老鼠，一会儿功夫就被消化得精光。

鹰的寿命一般在50年，一次生蛋2~5枚，白底有红棕色斑点，孵卵期约38天。它们的巢穴一般筑得很高，经常筑在悬崖等地，以保护小鹰。

灵光乍现

老鹰还有什么其他特别的习性？它为什么会这样呢？